KB133881

# 다시, 대한민국

강명구

글통

K보수의 미래전략을 생각한다

# 다시, 대한민국

강명구 지음

대통령의 핵심참모
강명구가 바라 본
윤석열 정부의 현재와 미래

글통

# 다시, 전진하는 대한민국을 생각한다

이 책은 윤석열 정부의 탄생에 참여했던 어느 청년 정치인의 이야기이다. 치열했던 2022 대선의 현장 기록인 동시에 오늘의 나를 만들어준 열정에 관한 이야기이기도 하다.

구미의 시골, 법 없이도 살았을 어느 순박한 농부의 집안에서 막둥이로 태어나 대 가족의 틈바구니에서 어린 시절을 보냈고, 삼십대의 어느 날 장학증서 한 장 달랑 들고 맨손으로 영국유학 길에 오르기도 했던, 나의 20년 넘는 정치인생을 짤막하게 되돌아본 책이기도 하다.

지난 대선시기, 우리는 그 어느 때 보다 승리를 목말라했다. 보수의 위기를 극복하고 무엇보다 대한민국의 변화와 혁신을 두려워하는 낡은 세력의 부활을 차단해야 한다는 거대한 당위성 앞에 승리를 위해 모든 것을 던져야 했던 시간들이었다.

처음 윤석열 후보를 만났던 순간을 떠올리지 않을 수 없다. 검찰을 그만 둔지 석 달 만에 정치참여를 선언한 윤석열 후보는 도전정신으로 넘쳐났다. 그로부터 8달 넘는 시간동안 우리는 지칠 줄 모르는 열정으로 쉼 없이 달렸다. 지금 생각하면 도대체 어디서 그런 뜬금없는 용기가 나왔는지 모르겠다.

그 시절 광장에서, 거리에서, 퇴근 후 술자리에서 정치인 윤석열을 만나 어깨를 두드려주고 손을 잡아주셨던 수많은 국민들을 만났던 것은 내 인생의 너무나 큰 행운이었다.

코로나는 물러갔지만, 우리 국민은 고금리과 고물가의 이중고에 시달리고 있고 한국경제는 저출산과 저성장의 우려에서 벗어나지 못하고 있다. 우크라이나와 이스라엘에서 벌어지고 있는 전쟁으로 세계인의 가슴에는 아직 큰 근심거리가 놓여있다.
이런 때 일수록 초심으로 돌아가 원칙을 지켜야 한다. 국민 앞에 약속했던 일들을 하나 하나 되새기며 기본을 잊지 말아야 한다.

책을 마무리하며 많은 분들에게 감사의 말씀을 전하지 않을 수 없다. 내가 익숙하지 않은 도전에 직면할 때마다 나에게 힘이 되어주고 곁에서 나를 지켜준 사람들이 있었다. 그분들 덕분에 나는 넘어지지 않고 더 힘차게 달릴 수 있었다. 이 책은 그 진지

했던 도전의 역사와 승리의 순간을 담아보기 위한 나의 노력이기도 하다.

끝으로 부족한 남편을 항상 곁에서 바라봐주고 고비마다 격려를 잊지 않아준 사랑하는 아내와 아이들에게 감사의 인사를 전한다. 오늘의 나를 있게 해준 이 모든 것은 가족의 시간을 흔쾌히 쪼개준 그분들 덕분이다.

우리가 선배들에게 물려받은 이 자랑스런 나라는 그동안 역사의 거센 바람과 험한 파도 속에서도 중단없는 전진을 계속해왔다. 우리는 이제 또 다시 긴 항해를 준비해야 한다.
대한민국호는 결코 멈출 수 없다.

2024년 1월
새 봄을 기다리며

강 명 구

# | CONTENTS |

## 1부 위기일발 대한민국

# 2부 대한민국호, 다시 미래로

# 1장

# 위기일발
# 대한민국

문재인 정부 시절, 대한민국은 386의 그림자에 눌려 깊은 숨을 몰아쉬고 있었다. 응급실에 실려 간 환자처럼 위기 신호에 포위되어있던 우리는 어떻게 2022년 희망의 대선을 만들었을까?

# 01
## 2020년, 보수 정당의 위기

2019년 11월 12일의 일이다. 나를 포함해 자유한국당의 청년 당협위원장들이 모여 "당 해체"를 주장하자 지도부가 발칵 뒤집혔다. 약 6주에 걸쳐 '조국 반대 집회'를 결행한 당의 지지율이 도저히 오를 기미를 보이지 않고, 2020년 총선 공천권을 앞두고 내홍이 거듭되자 청년 당협들이 내놓은 극약 처방이 한국당 해체론이었다.

이 당협들은 대부분 험지 출신이었다. 구로갑, 영등포갑, 송파병, 고양정, 김포갑, 원주을. 소위 민주당 국회의원이 무난히 다선 의원으로 집권하고 있거나, 그다음에 공천이 바뀌더라도 민주당이 다시 들어설 가능성이 높은 지역들이었다.

나를 포함해 이 당협들이 느끼고 있었던 것은 위기감이었다. 2020년 총선이 대패(大敗)로 끝날지도 모른다는 수준의 예측을 넘어, 보수세력 자체가 절멸될지도 모른다는 걱정이었다.

안타깝게도 우려는 현실이 됐다. 2020년 4월 총선에서 미래통합당·미래한국당은 100석이 좀 넘는 수준의 의석을 얻으며 참패하고 말았다. 선거를 앞두고 벌어진 숱한 지역에서의 공천 논란, 친박·비박 간 대결로 탄핵 상황까지 겪어 봤음에도 불구하고 여전히 거듭되는 파벌 싸움 등이 패배 요인으로 지목됐다. 언론에서는 일제히 황교안 전 대표의 리더십과 태극기 세력·보수 유튜버 세력에 부화뇌동하는 경향을 문제 삼았다.

그리고 당이 좀더 중도로 이동해 쇄신해야만 살아남을 수 있을 것이라는 지극히 교과서적인 지적을 쏟아냈다. 왜 언론이 선거 전에 그런 조언을 하지 않았는지 알다가도 모를 일이었다.


## 또다른 불행

나에게는 2020년 4월 총선을 앞두고 또다른 불행이 닥쳐 왔다. 1년 넘게 밭갈이를 하던 영등포 갑 지역 공천에서 배제됐기 때문이다. 자유한국당이 여러 세력과 통합을 꾀하며 '미래통합당'으로 거듭나는 과정에서 벌어진 일이었다. 내가 소속된 지역에는 자천타천으로 정치에 갓 입문하는 사람들, 타 지역의 전직 의원들 등이 거론되며 그들 중 누군가가 민주당 다선 의원과 맞붙을 것이라는 전망이 연초부터 돌았다. 강명구 이름 세 글자는 고려의 대상도 아닌 것처럼 뭇사람들의 관심에서 사라져가는 비참한 과정을 겪어야만 했다.

혹자는 내가 김병준 전 비대위원장이 이끄는 지도부에서 보좌역으로 일했기 때문에 생기는 모종의 불이익이라고 했다. 총선 공천권자들이 김병준 전 위원장을 견제하는 과정에서 나까지도 연좌 대상으로 지목했다는 것이다.

하지만 물리적 증거가 있는 것은 아니었기에, 나는 영등포 갑을 떠나 동대문으로 이동해서 경선을 하라는 당의 요구에 불출마선언과 함께 경선을 포기하면서 마음을 아예 비웠다.

2018년에 당의 강권을 받아 양천구에서 서울시의원에 출마했던 일, 그해 지방선거에서 대패하면서 당이 비대위로 전환하는 과정에서 불철주야 일했던 기억, 청년 당협위원장 중 한 명으로 지목돼, 박토(薄土)를 갈아 옥토로 만들 각오로 영등포로 갔던 기억들이 주마등처럼 스쳐갔다.

눈물이 많이 났다. 2년 반 넘는 시간 동안 나는 민주당 절대 우세 지역의 싸늘한 표심이 조금씩 따스한 온도로 바뀌어가는 과정을 몸으로 느끼던 찰나에 모든 기회를 빼앗겨 버렸기 때문이다.

처음에는 어지간해서는 지역 행사에서 인사도 안 시켜주던 지역 어른들이, 나중에는 민주당 현역 의원보다 더 연설을 잘한다며 더 크게 박수를 치는 일도 많았다. 젊은 국회의원을 자기 손으로 만들어 보겠다고 자원봉사자로 뛰어든 대학생 동지들도 있었다. 비운동권 대학 총학생회장 출신으로 이회창 후보를 도왔던 과거의 내모습이 생각나게 하는 이들이었다.

그들 모두 나에게는 가족과 같은 사람들이었고, 그들의 기대를 절대 배신할 수 없어 보수에게는 '전형적 험지'라는 영등포 갑을 굳건히 지킬 의지를 다질 수밖에 없었다. 하지만 당은 나에게 그 의지조차도 사치라는 식으로 공천 배제의 영(令)을 내린 것이었다. 가슴으로 피눈물을 움킬 수밖에 없었던 순간이었다.

당장 후보로서 선거를 뛸 곳이 사라졌으니, 누군가의 선거를 돕는 것이 도리라고 생각했다. 보좌관으로 오래 모셨던 김용태 전 사무총장이 배정받은 구로을 지역으로 갔다. 그곳 역시 영등포 갑만큼이나 보수 정당에는 '박토'였다. 김 전 총장은 당 지도부로 일하면서 수많은 이들에게 휘둘렀던 칼날에 대해 모종의 반성과 책임을 지는 차원에서 양천을 당협위원장을 스스로 사퇴했다.

그리고 당이 공천한 구로을 지역으로의 이동을 스스럼없이 받아들였다. 하지만 보수 정당 국회의원이 민주화 이후 딱 1번밖에 당선된 적이 없는 그곳은 매우 차갑고 험난한 곳이었다. 김용태 전 총장의 상대 후보는 문재인 정부 청와대의 국정상황실장을 지낸 윤건영 의원이었다. 그는 국회의원 시절부터 문재인 대통령을 모셨던 핵심 참모였다. 더불어민주당에서 실세 후보를 정치에 데뷔시키기 위해 상당한 투자를 하고 있음을 느낄 수 있는 공천이었다.

구로을 선거는 김용태 전 총장을 오래 모셨던 내가 선거판을 아무리 새롭게 들여다보려고 해도 쉽사리 기회가 발견되지 않는 싸움이었다. 당에서 의도적으로 정치적 희생을 강요하는 공천이 아닐까 싶을 정도였다. 후보는 매일 열심히 지역을 돌았으나, 아무리 애를 써도 표심을 잡히지 않게 만드는 심리적 장벽이 느껴지는 하루하루였다.

이처럼 비참한 광경은 '청년 퓨처메이커'라는 정당사(史)상 전무후무한 '2030 험지공천 전략'을 통해서도 고스란히 드러났다. 정치에 갓 데뷔한 젊은 당협위원장들과 예비후보들을 수도권의 격전지로 골라서 보내는 작전이었다.

당시 당 지도부의 입장에서는 신진기예들을 선거의 최전선에 내세워서 아군의 사기를 북돋자는 계산을 하고 있었을 것이다. 하지만 총선은 철저히 지역 유권자의 선택이라는 것을 도외시

한, 잘못된 공천이었다. 지역에 아무런 뿌리도 연고도 없는 친구들이 기대반 우려반을 안고 현장에서 질주해야만 하는 형국이 벌어졌다.

더불어민주당과 문재인 정부의 실력자들은 그 광경을 매우 흥미롭게 바라보며 선거판 전체를 기울일 만한 새로운 카드를 준비하고 있었다. 바로 '코로나 19 재난지원금'이라는 마술이었다.


## 집권 여당의 마술, 정책 공약

대통령제 국가에서 집권여당이 갖고 있는 가장 강력한 차별화 우위 요소가 있다면 ① 예산, ② 제도, ③ 인사라고 볼 수 있다. 통상적으로 선거는 인심을 후하게 쓰는 세력이 판을 장악한다는 것이 동서고금의 진리다. 총선이 있는 직전 해의 예산 확보 싸움에 여·야 국회의원들이 목숨을 걸고 달려드는 이유다. 그런데 아무리 국회의원들이 예산을 만들어 내더라도 정부가 집행력을 발휘하지 않으면 아무런 소용이 없다.

예산의 틀과 목표를 정하는 것은 국회지만, 용처와 배분 방식을 정하는 것은 정부다. 따라서 집권 여당 입장에서는 선거 직전의 '예산 전쟁'에서 매우 유리한 고지에서 싸울 수 있는 이점이 있다. 제도 역시 마찬가지다. 민주화 이후 거의 모든 정권이 정기적으로 당·정·대(여당, 정부, 대통령실) 협의체를 운영하며 규제와 진흥책의 큰 틀을 협의했다.

그리고 여당에는 정부 관료 출신 전문위원들이 파견돼 정책개발을 돕는 관행이 있다. 따라서 여당은 선거를 앞두고 제도를 기반으로 한 '아젠다 싸움'에서도 유리한 고지를 점할 수 있다. 정부 인사는 대통령이 지닌 강한 권력 기반이다. 선거 전의 인사 쇄신책은 정권에 대한 중도층의 관심 견인에 큰 도움이 된다.

문재인 정부와 더불어민주당은 2020년 4월 총선을 앞두고 예산·제도·인사라는 '마술'을 거의 100% 가동하다시피 했다. 우선 예산은 코로나 19 팬데믹 재난지원금이라는 명목으로 큰 규모의 추경이 편성되어 선거 전에 구체적인 1인당 배분액까지 발표되었다. '사실상의 매표(買票)'라는 비판을 받을 정도로 노골적인 접근이었다.

제도 면에서는 20대가 매우 민감하게 반응할 만한 모병제 카드를 밥상 위에 올려놨고, '총선은 한일전(韓日戰)'이라며 일본의 부품산업으로부터 소재·부품·장치산업을 독립시키기 위한 각종 정책과 중소기업 R&D 확대책을 내놔 화제가 됐다.

인사 면에서도 예상하지 못한 카드를 꽤 사용했다. 조국 법무장관 사퇴 후 윤석열 검찰총장과 대립 구도를 팽팽하게 가져가기 위해 추미애 법무장관 임명이라는 지지자 결집용 카드를 내놨다. 그리고 이낙연 총리를 당으로 돌려보내는 한편, 정세균 전 국회의장을 국무총리로 기용해 민주당이 "대선주자가 많은 정당"임을 과시했다.

 이처럼 총선을 앞두고 민주당이 국민에게 제공할 수 있는 자원은 상당히 많았다. 반면에 미래통합당은 보수진영 내 통합이라는 이슈 이외에 특별히 대중의 이목을 이끌 만한 선물을 주지 못했다. 2019년에 '조국 사태'라는 어마어마한 호재에 직면했음에도 불구하고, 그 상황을 야당의 지지세(勢)로 수렴하지 못한 것이다. 당을 이끄는 지도자의 무능이자, 그를 떠받들었던 주류 세력의 무능이라고 할 수밖에 없었다.

 비주류 세력이라고 자처하던 이들도 특별히 나을 것이 없었다. 공천을 앞두고 '보수 대통합'을 외치며 여러 집단이 공동체로 묶였지만, 지분 확보를 위해 장외에서 주류를 비판하는 비주류 정치인들의 모습도 심심찮게 목격됐다. 무대 위 배우들을 지켜보는 관객인 유권자들 입장에서는 매우 지루하고 불쾌한 극의 장면들만 연출되는 상황이었다. 오히려 미래통합당이 총선에 승리하는 게 요행이라고 봐도 좋을 법한 면면들이었다.

## 총선 직후의 '마녀사냥'

미래통합당이 2020년 4월 총선의 패배를 곱씹고 재평가하는 과정에서도 갖가지 왜곡이 벌어졌다. 당내 비주류 측에서는 황교안 전 대표의 공천을 가장 큰 패배 원인으로 지목했다. 보수 유튜버와 태극기 성향의 강성 당원들에게만 어필하는 극우 정치가 당의 외연 확장 실패요인이라는 진단도 나왔다.

때마침 보수 정당에 대한 영향력이 강한 언론에서도 비슷한 해석을 내놨고, 그 해석을 지지하는 정치평론가들과 학자들이 "보수는 이래서 안된다"고 성토장을 벌였다.

공천 과정에서 작용했던 복잡다양한 이해관계자들이 어떻게 얽히고설키는지 지켜보고 있었던 내 입장에서는 쓴 웃음을 짓게 만드는 풍경이었다. 나 또한 황교안 체제를 강력히 비판하며 '당 해체'를 주장했던 혁신파의 일부였지만, 거대한 실패의 원인을 특정인의 탓으로 돌리고서 '새출발'이 가능할 것이라 보는 안이한 시각에 동조할 수 없었다.

총선 이후 미래통합당은 무엇이 실패의 주된 원인인지 정밀한 평가를 내리지 못한 상태에서, 누군가에게 가시 관(冠)을 씌우고 책임을 묻는 데 집중했다. 그리고 그 광경은 선거 패배 이후 늘 있었던 책임자에 대한 마녀사냥 이상도 이하도 아니었다. 한참 동안의 자아비판과 상호비판에 지친 이들은 비상대책위원회를 가동해야 한다며 또 이리저리 몰려다니기도 했다.

보수정당이 2020년 4월 총선의 실패를 좀 더 심층적으로 분석하고 제대로 반성할 수 있는 기회가 있었다면, 오늘과 같은 '생각의 빈곤'을 맞이하지는 않았을 것이라고 본다. 당의 본질적인 문제는 당원들이 가장 잘 알고 있다. 당 외부에 있는 정치원로나 멘토, 거장이 아니라 당을 오랫동안 지켜왔던 사람들에게 묻고 답을 구하는 가운데서 수많은 해법이 나올 수 있다.

민주당은 2012년에 86세대 중심의 '문재인 체제'가 들어서면서 본격적인 운동권 정당으로 거듭났고, 그 과정에서 당의 철학, 방향성 같은 것들이 어느 정도 정립되었다. 하지만 보수정당은 매번 선거 때마다 성공과 실패를 반복하며 "집토끼가 중요하다.", "아니다. 외연 확장과 중도 지향이 중요하다"는 양대 노선 사이에 갈팡질팡하는 모습을 보였고, 공천 시즌에는 특정인에게 줄서기에 바빴다. 나또한 그런 경향으로부터 완전히 자유로울 수는 없었다는 점을 고백한다.

2020년 5월, 약 한 달의 내홍 끝에 미래통합당은 김종인 전 더불어민주당 비상대책위원장을 다시 당의 비상대책위원장으로 모셨다. 정책과 정무를 겸비한 거장이라는 평가를 받는 사람이었지만, 보수정당과 거리가 먼 정체성과 함께 보수 비판 일변도의 언어를 구사하는 사람이라는 평가를 받기도 하는 인물이었다.

 '김종인 체제'는 총선 패배 이후 어디로 가야할 지 전혀 예상하지 못하는 보수정당이 약간의 실마리라도 얻어보고자 하는 몸부림이었다. 하지만 그 체제를 선택함으로써 보수는 스스로 문제에 직면하고 답을 내는 기회를 다시 포기했다는 인상을 지울 수 없었다.

# 02
## '약자와의 동행'

김종인 비대위가 들어서면서 나온 첫 일성은 '약자와의 동행'
이었다. 총선 당시 선거대책위원장이었던 김종인 위원장이 내걸
은 슬로건이기도 했다. 이전까지 보수정당은 약자배려에는 매우
둔감한 정당, 기득권 유지를 위한 정당이라는 이미지가 강했다.
그래서 2012년 대선 당시에는 박근혜 후보가 '경제민주화'라는
방침을 내걸며 중도 공략을 시도했고, 어느 정도 성공을 거뒀다.
하지만 박근혜 정부가 집권하면서부터는 연금개혁과 창조경제
에 거의 '올인'하다시피 한 나머지 경제민주화 정책이 설 자리를
잃었다. 대선이 끝난 후 김종인 위원장이 박 전 대통령과 정치적
결별을 선언하게 된 계기도 '경제민주화로부터의 후퇴'였다는
말이 있을 정도였다.

약 1년이라는 긴 시간 동안 당대표의 지위에 서게 된 김종인 위원장은 다시는 자신의 정치철학이 퇴색되는 일이 없도록 완전히 뿌리박겠다는 의지가 강해 보였다. 그래서 정책정강 TF를 가동하고, 우파 버전의 기본소득 프로그램을 비롯해 약자와의 동행 슬로건을 실현하기 위한 입법·정책 제안 등을 초선 의원 중심으로 주문했다.

공교롭게도 국회에서 생존 투쟁을 해야 하는 야당의 대여(對與) 전략에도 '약자' 원칙이 적용됐다. 김종인 비대위는 모든 상임위에서 위원장직을 포기함으로써 민주당의 의회 독주를 고발하는 입장을 취했다. 당장 중진 의원들 사이에는 볼멘소리가 나올 수밖에 없었다. 상임위원장직을 맡아야 관련 부처 예산 편성에 깊게 개입할 수 있고, 지역구민들과의 약속도 잘 지킬 수 있는데, 김종인 위원장이 "거시적인 밑그림에만 집착한 나머지 야당으로서 주장할 수 있는 지분도 포기한다"는 비판이 나온 것이다.

그만큼 김종인 비대위가 들어선 이후에도 미래통합당은 갈 길이 불투명한 정당이었다. 뚜렷한 대선주자가 보이지 않는 당이었기에 더욱 그랬다. 모든 정당은 집권을 목표로 한다. 그리고 집권을 위해서는 당의 선봉장이 될 대선주자가 필요하다. 안타깝게도 미래통합당은 총선 패배로 인해 거의 모든 구성원이 '올드 맨'처럼 치부되는 신세에 놓여 있었다.

## 대선급 재보궐선거의 도래

2020년 7월, 총선패배 후 험로를 걷던 보수정당의 앞날에 예기치 않은 변곡점이 찾아왔다. 박원순 전 서울시장이 성추행 관련 보도의 주인공이 된 지 하루 만에 싸늘한 시신으로 발견된 것이었다. 정치 10여년 만에 성추행 가해자로 전락하고, 스스로 목숨을 끊는 안타까운 사건의 주인공이 된 박 전 시장의 이야기는 전국민을 충격으로 몰아넣었다.

박원순은 진보진영에서는 상징적인 존재였다. 참여연대와 아름다운가게를 비롯해 수많은 NGO들을 거의 정당의 수준으로 발돋움시킨 활동가, 공익단체운동의 선두주자로 추앙받았던 인물이었다.

한때는 민주당 계열에서 가장 유력한 대권주자 중 한명으로 분류되기도 했던 그가 비서실 여직원을 오랫동안 직·간접적으로 성추행했다는 사실에 국민적 분노가 집중됐다. 말 그대로 한 시대의 상징이 해체되는 순간이었다.

당장 야당 정치인들 사이에는 "박 전 시장을 잘 알지만 조문 가지 않겠다." "그의 삶에 대해서는 (성추행 사건 하나만으로도) 평가할 가치가 없다고 생각한다"는 말이 나왔다.

박원순을 잘 아는 김종인 비대위원장 역시도 그의 죽음에 대해 직접적으로 언급하지는 않았다. 오히려 "내년 서울시장 선거는 대선급 선거가 될 것"이라는 전망을 내놨을 뿐이었다. 이 발언을 접한 몇몇 진보 인사들은 "아무리 정당의 대표라지만, 한 사람의 죽음 앞에 너무 잔인한 것 아니냐"라는 비판을 하기도 했다.

하지만 김종인 위원장의 말이 냉혹한 정치현실에 대한 진단을 담아낸 결과물이라는 점도 부인할 수는 없는 것이었다. 게다가 권력을 지닌 지자체장이 휘하의 직원에게 성적 폭력을 저지르다가 벌어진 죽음이었기에, 망자를 일방적으로 동정하는 것도 적절하지는 않았다.

일련의 논란보다 더욱 심각한 문제가 있었다. 박원순이라는 진보진영의 정치적 상징이 해체된 이후 남아 있던 공간을 제대로 메울 만한 보수 진영의 대표선수가 보이지 않았던 것이다. 당장 서울시장 재보궐선거에 누가 출마해야 할지 뚜렷한 상(像)이 잡히지 않는 것도 문제였다.

박 전 시장의 탈상 이후 가을 바람이 불기 시작할 무렵, 민주당 쪽에서는 박영선 전 중소벤처기업부 장관이 차기 서울시장 후보로 나설 것이라는 전망이 나왔다.
문재인 정부의 든든한 지원과 함께 민주당이 10여 년 간 관리한 서울지역의 시민사회조직이 큰 우군이 될 것이라는 소문도 심심치 않게 돌았다.

반면에 미래통합당에서 당명을 바꾼 국민의 힘 측에서는 뚜렷한 대항마가 보이지 않았다. 안철수 국민의 당 대표, 나경원 전 국회의원, 오세훈 전 서울시장(당시 기준)과 같은 인물들이 거론되었지만, 이들이 과연 준비된 필승카드인지에 대해서는 뚜렷한 합의점이 마련되지 않았다.

그들 모두가 "구시대의 인물 아니냐"는 말까지 나올 정도로 2021년 4월 치러질 서울시장 보궐선거에 대한 전망은 뚜렷하지 않았다.

그나마도 총선 직후 부산에서도 시장이 성추행 사건으로 사퇴하는 일이 벌어져, 진보진영의 실점(失點)이 뚜렷하다는 사실이 보수정당에는 나름의 기회요소였다. 게다가 같은 해 5월에는 위안부 피해자들의 권익을 위해 투쟁하는 것으로 알려졌던 정대협의 회계부정 논란이 터지면서 진보시민운동 전반에 대한 불신이 가중된 상태였다.

'박근혜·최순실 국정농단'에 대한 탄핵의 힘으로 집권한 더불어민주당이었지만, 정권을 잡은 지 3년 만에 진영 전체가 신뢰를 잃어버리고 말았던 것이다. 그리고 진보진영이 약자를 대변하고 그들을 위한 정치를 한다는 통념도 산산이 깨지고 말았다.

## 약자를 지키는 게 검사의 사명

'약자와의 동행'을 정치적 에너지로 전환하는 힘은, 의외로 정치권 밖에서 작동하고 있었다. 문재인 정부와 민주당이 '을을 위한 정치'를 하겠다고 하면서 제대로 돌보지 않았던 사람들, 일상 속에서 큰 피해를 입었음에도 뉴스에 한 줄도 나오지 않는 사람들의 권리를 고민하는 지도자의 가능성이 여의도 밖에서 태동하고 있었던 것이다. 그 주인공은 윤석열 검찰총장이었다.

"여성·아동·장애인과 힘없고 소외된 약자를 범죄로부터 안전하게 지켜내는 것은 검사들에게 부여된 막중하고 헌법적인 사명입니다."

2020년 4월 총선 국면에서 'N번방 사건'이 터질 무렵 윤석열 검찰총장이 내놨던 메시지다. 사실 윤 총장은 보수정당 구성원인 나에게는 조국 수사로 인해 새로운 희망을 품게 하면서도, 아직은 '먼 당신'같이 느껴지는 존재였다. 무엇보다 적폐 수사 당시 MB와 박근혜 모두 그의 칼날을 피해 갈 수 없었다는 사실이 짙은 그림자로 드리워져 있었다.

어쩌면 조국수사도 윤 총장의 특별한 정치적 지향 때문이었다기보다는, '정권 중반기에 으레 있을 법한 권력 내 자정작용의 일환일지도 모르겠다'는 생각을 했다. 하지만 조국 수사에 대한 민주당의 거부반응과 지지층의 동요는 상식을 넘는 것이었고, 국회가 제대로 토론의 장(場)이 되지 못한 상태에서 광장으로 군중의 에너지가 몰리기도 했었다. 또 문재인 정권 출범 후 2년간 당하기만 했던 야당에도 나름대로 호기가 찾아왔다 싶은 순간이 오기도 했었다. 비록 야당 지도부가 그 기회를 제대로 받아내지 못했지만.

정치의 계절 한가운데에서 윤석열 검찰총장이 내놓은 메시지는 그때까지 여·야 공히 제대로 돌보지 못하던 약자들을 향한 진심어린 위로와 함께 강력한 보호 의지를 담아내고 있었다. 미래통합당은 N번방 사건을 처음 맞닥뜨렸을 때 민주당 정치인들의 성범죄와 연관성은 없는지 들춰 보려다 서둘러 덮는 해프닝을 벌였다.

민주당은 'N번방 방지법'을 내놓고 각종 포털이나 인터넷 커뮤니티에서 불법 촬영물 여부를 사전에 확인하도록 하는 법을 내놨다가 '사전검열' 논란에 부딪히기도 했다.

엄연히 구체적 피해자가 존재하는 사태 앞에서도 여야 양당은 정치적 이해득실을 계산하며 문제에 접근했다. 반면에 수사 지휘권을 가진 검찰총장은 집행력을 바탕으로 국민 개개인이 실제로 직면할 위험을 제거하기 위해 직접 나서는 모습을 보여 줬다.

국민이 정치에서 효능감을 맛보지 못하던 시대에, 윤석열 총장은 사법행정에 대한 명확한 의지로 효능감을 제공했고, 성역 없는 조국 수사로 그 가능성을 입증했다.

"범죄가 날로 첨단화해 가고 있고, 정보통신 기술을 활용한 범죄의 적발과 이에 대한 대처가 점점 어려워지고 있다. 검사로서의 소임을 다하기 위해 꾸준히 실무 능력을 연마해야 한다. 형사법 집행 권한은 국민으로부터 부여받은 것이라는 점을 명심해야한다. 우리 헌법 체제의 핵심인 자유민주주의를 굳건히 하고, 사회 제 분야에 있어서 공정한 경쟁질서를 확립하겠다는 마음가짐을 가져 달라."

젊은 검사들을 자유와 인권이라는 키워드로 사상적 무장을 시키는 윤석열 총장의 모습 속에서 나는 그간 정치권이라는 권력집단이 얼마나 일상 문제 해결에 취약했는지 절실히 느꼈다. 2020년 말 한국 사회를 큰 충격에 빠트린 정인양 사망 사건에서도 정치의 무능은 여실히 입증됐다.

계모와 친부가 1년 내내 폭행을 하고 있다는 것을 돌봄 시설에서는 왜 인지하지 못했을까. 그것을 인지하고서도 명확한 법적 책임을 지울 수 있는 국가적 시스템은 왜 작동하지 않았을까.

4년마다 국회에는 장애인, 복지, 돌봄을 키워드로 비례대표의원들이 쏟아지는데 부모의 안전한 양육 책임을 제도화할 수 있는 대안을 그들은 왜 내놓지 못했는가. "16개월 정인이의 죽음은 서울시 행정이 악을 방치하고 키운 결과"라고 꾸짖는 야당 대표가 있는가 하면, 당 지도부 회의 도중 '정인아 미안해'라는 메모로 관심을 끄는 야당 비대위원장의 모습도 목격됐다.

그들은 정인양 문제가 사망사고 이후에야 알려진 현실을 개탄했을 뿐, 실질적 대안은 내놓지 못했다. 거대 언론도 답없이 발을 동동 구르긴 마찬가지여서, '복잡한 문제', '특별한 답이 없는 문제'라고 해놓고선 살인범인 양모와 공범인 친부의 책임을 묻는 방식의 사건 기사 보도에만 열중하곤 했다.

그런데 사태가 알려지는 와중에 윤석열 검찰총장의 단호한 조치가 눈길을 끌었다. 윤 총장은 서울남부지검에서 정인양 사건에 대해 보고를 받은 뒤에 "살인죄 적용을 검토하라"고 구체적인 지시를 내렸다는 것이다.

"어린아이가 저렇게 죽었는데, 설령 판례 상 논란의 여지가 있다고 해도 살인죄로 기소해 법원의 판단을 받아야만 한다."

사문화되다시피 한 사형제로 인해 살인사건에 대한 응분의 조치가 이뤄지지 못하고 있다는 것이 우리 국민의 인식이다. 윤석열 총장은 아동학대를 일벌백계하는 차원에서라도 살인죄 적용이 절실하다는 국민의 법감정에 매우 구체적으로 답을 내 놓은 것이었다.

마침 정인양 사건은 윤 총장이 문재인 정부 치하에서 가장 어려움을 당하던 시기에 벌어진 일이었다. 1년 내내 계속된 추미애 법무장관과의 인사·수사를 둘러 싼 갈등, 좌파 시민사회까지 동원해 가며 윤 총장의 퇴진을 압박하던 징계 정국 등 상황이 어지럽게 돌아가고 있었다.

기독교, 불교, 천주교에서 윤 총장 퇴진을 주장하는 서명 운동이 시작되자 반대로 중도우파 진영에서 기독교·천주교인 서명운동을 통해 윤 총장을 지켜내자는 움직임도 본격화됐다.

나도 교인 중 한 사람으로서 윤 총장의 퇴진에 반대하는 입장으로 이름을 올렸다. 위기라고 할 만한 시기에도 약자의 삶을 보살피는 리더, 남들은 문제에 공감하는 수준에 머무를 때 실제로 대안을 내놓는 리더의 입장은 무엇일까, 많은 궁금증을 품게 되었던 시기였다.

# 03
## 윤석열 극장의 막전막후

2021년 3월 4일, 윤석열 검찰총장은 임기 만료 넉 달을 남기고 총장직을 사퇴했다. 문재인 대통령은 1시간 만에 윤 총장의 사표를 수리했다. 지루한 징계정국 당시 문 대통령이 침묵 속에서 쉽게 입장을 드러내지 않았던 것과는 정반대의 면모였다. 그도 그럴 것이, 2021년 2월 초순부터 거의 한 달 동안 검찰에서 수사권을 박탈하는 '검수완박' 법안을 공개적으로 반대하고 있었다.

더불어민주당은 수사권과 기소권을 분리하는 것이 진정한 사법행정 민주화라는 입장을 줄곧 피력했고, 중대범죄수사청을 도입해 사실상 검찰을 기소청 수준의 행정기관으로 전락시키려고 했다. 문재인 정권에 의해 임명된 윤석열 검찰총장이지만, 검찰 자체를 고사(枯死)시키겠다는 민주당과 정부의 입장에는 단연코 반대할 수밖에 없었다.

민주당은 윤석열 총장의 발언과 행보를 '정치적'이라고 폄하했다. 정부·여당과 전략적으로 맞서 싸우면서 야권 대선 후보로 데뷔하기 위해 검찰총장직을 이용한다는 것이었다. 현직 총장 신분으로 '자유', '공화', '전체주의' 같은 단어들을 구사한 것도 몹시 거슬렸을 것이다.

그런데 과거 정권에서도 현직 검찰총장이 정권과 마찰을 일으켜 사퇴한 경우는 왕왕 있었다. 김각영 전 검찰총장은 김대중 정부 후반기에 임명돼 참여정부까지 임기를 이어 나갔으나, 강금실 당시 법무부 장관의 과격한 검찰 인사 개입에 반발해 사표를 던졌다.

대통령과 법무장관이 현직 검사들과 함께했던 '검사와의 대화'에서 총장이 '부적절한 인물'로 찍힌 것도 사퇴에 한 몫 했다. 김각영 전 총장은 직을 던지면서 "새 정부가 파격인사라는 이름 아래 서둘러 기준 없는 인사를 벌였다"고 했다.

김종빈 전 검찰총장도 노무현 정부 당시 천정배 법무장관의 수사지휘권 발동에 반대하며 사표를 던진 사례다. 당시 국가보

안법 위반으로 검찰 수사 대상이었던 강정구 동국대 명예교수의 구속을 법무장관이 막자 벌어진 일이었다. 검찰은 강 교수를 구속할 방침이었으나, 법무부가 '정무적 검토'를 거친 끝에 장관의 지휘권 발동으로 불구속을 밀어붙이는 상황이었다.

당시 청와대는 "사표 제출은 부적절했다"고 주장하며 김 총장의 사직을 조직이기주의에 기반한 행위라고 규정했다. 수사지휘권 발동은 엄연히 선출된 정권 차원의 '민주적 통제'인데, 그에 반발하는 검찰총장의 행동을 받아들일 수 없다는 것이었다.

그런 점에서 윤석열 총장의 사퇴는 당연한 수순이었다. 자신이 성장한 검찰이라는 조직을 권력이 무력화시키고 문닫으려는 과정에서 아무런 역할을 하지 못했다는 비난을 받을 수는 없는 노릇이기 때문이다. "검수완박은 부패 완판"(부패를 완전히 판치게 한다)이라는 말은 이런 맥락에서 나온 것이었다.


## 전직 검찰총장의 정치적 역할

윤 총장이 직(職)을 던질 무렵, 국민의 힘을 비롯한 야권에서는 그의 반문(反文) 에너지를 어떻게 활용할지 고민하며 향후 행보에 촉각을 곤두세웠다. 그해 4월은 때마침 서울시장·부산시장 재보궐선거가 있는 시기였다. 윤 총장이 어떤 형태로든 정치적 역할을 해야만, 그 다음 해에 치러질 20대 대통령 선거에서도 역할이 있지 않겠느냐는 해석이 정치권 일각에서 나오고 있었다.

이후 국민의 힘 대표가 되는 이준석 노원병 당협위원장과, 김재섭 도봉갑 당협위원장은 어느 온라인 영상 토론에서 "윤석열 총장은 조기사퇴 후 서울시장에 출마하거나, 새로운 정부가 들어선 후 법무장관을 하면 적당할 듯한 인물"이라고 평가하기도 했다. 그만큼 윤 총장의 정치적 포텐셜이 어느 정도 수준일지 기존 정치권은 제대로 감을 잡지 못하고 있었던 것이다.

물론 나 역시도 2021년 3월로 돌아가서 윤 총장의 가능성을 어디까지 예측했느냐고 물어보면, 특별히 현답을 제시하지는 못했을 것이다. 하지만 확고한 것은 여느 보수 정치인들도 갖지 못한 용기, 의지, 자신의 무대를 만들어 내는 메시지 능력 등을 명확히 갖췄다는 것이다. 이후 윤 총장의 일생을 평론하는 어느 책에서는 '윤석열 극장'이라는 표현을 썼다.

윤석열 스스로 배우이자 감독으로서 무대를 만들어 내고, 스토리를 공급하는 콘텐츠 제공자의 역할을 한다는 뜻에서다. 윤석열 극장의 관객은 전국민이었다. 물론 상당수의 유권자들은 그를 '윤짜장' 또는 '윤춘장'이라고 부르며 비난하기 바빴지만 말이다.

극적인 검찰총장 사퇴 이후 이어진 메시지는, 문재인 정권뿐만 아니라 대한민국 전체를 오랫동안 짓누르던 이권 카르텔에 대한 비판이었다. LH 직원들이 3기 신도시 예정지에 집단으로 부동산 투기를 한 것이 폭로된 것이 계기였다. 어떤 직원은 나무 보상비로 87억원에 달하는 거액을 받아 챙기기까지 했던 괴사건이었다. 윤석열 총장은 LH 직원들의 비리를 '망국적 범죄'라고 규탄했다.

LH 사태는 검찰이 중심이 돼서 대대적인 수사를 벌여야 한다고도 했다. 정부 산하기관의 인허가권을 이용한 범죄일 뿐만 아니라, 금융 범죄의 속성도 함께 갖고 있기 때문이다. 문재인 정부는 민주당 정치인들의 비리가 드러날까 두려워 국토부와 국무조정실이 합동조사를 벌이는 수준으로 사태를 정리하려고 했다.

윤 총장은 "LH 사태의 원인을 규명하기 위해 당사자에게 직접 물어가며 조사를 하는 것은 말이 안된다"고 비판했다. "조사가 아닌 수사"를 하라는 요구였다. 검수완박을 논하던 정부와 여당 입장에서는 매우 따가운 지적이었다.

일련의 논쟁 과정에서 나에게는 묘한 결론 같은 것을 내리게 됐다. 이제껏 한번도 경험해 보지 못했던 나라를 만든게 문재인 정부였다면, 지금껏 한번도 겪어보지 못한 방식으로 대선 후보도 나올 수 있는 것 아닐까. 국회의원이나 광역지자체장, 당대표와 같은 자리를 거치지 않고도 선명한 자기 캐릭터와 메시지로 집권 여당과 승부를 보는 장외 야권 후보가 나올 수 있는 것은 아닐까. 2021년 1월 초 어느 주간지가 "다음 대선 구도는 윤석열 대 이재명"이라며 빅데이터 조사 결과를 표지에 선명하게 내걸었던 것도 생각났다.


## 또 다른 쓴잔

2021년 3월 중순 무렵이었다. 나는 2020년 4월 총선에 이어, 또 한 번 쓴 잔을 마셔야 했다. 나경원 전 의원이 서울시장 재보궐선거에서 당의 후보로 지명되는 데 실패했기 때문이었다. 그때 나는 캠프의 총괄상황실장으로 일하고 있었다.

원래 나는 대구시장 권영진 선배와의 인연 때문에 오세훈 후보와 심적으로 더 가까운 입장이었고, 오 후보와 당협위원장으로서 여러 번 만난 경험을 갖고 있었다. 오 후보를 모시는 보좌진들과도 잘 아는 입장이었다.

그런데 2020년 말 나경원 후보가 여의도에 있는 개인사무실을 갑자기 찾아와서 "캠프 총괄상황실장으로 일해달라"고 직접 제의를 하자, 나로서는 거절할 수 없었다. 얼마나 승리에 간절하면 후보 본인이 찾아와서 일을 부탁할까 싶었다.

그래서 나는 함께 일하던 영등포 갑 출신 청년들과, 2020년경 원외 당협위원장으로 있었던 친구들과 함께 나경원 캠프에 들어갔다. 여러 전·현직 의원들이 나경원 후보의 본선 진출 가능성에 무게를 두고 참여했고, 소위 '조직표'도 나 후보에게 훨씬 유리하다는 이야기가 많았다.

　하지만 경선 결과는 오 후보의 승리였다. 그리고 오세훈 후보는 여세를 몰아 당외의 안철수 당시 국민의당 대표와 단일화를 하는 과정에서도 승기를 잡았다.

　첫 번째 쓴잔은 총선 후보로 낙점되는 데 실패했던 데서 비롯되었고, 두 번째 쓴잔은 내가 모셨던 후보가 최종 서울시장 후보가 되지 못한 것이 원인이었다. 혹자는 "강명구는 사람 볼 줄 몰라. 줄을 잘 못 서는 것 같아.", "그동안 모셨던 분들이 다 재야 인사가 되었잖아"라는 식의 핀잔을 뒤에서 흘리기도 했다. 정말 기가 막힌 일이었지만, 기구한 내 운명을 막연히 부정할 수도 없는 노릇이었다. 하루하루 입술을 깨물 때마다 조금씩 느껴지는 피맛마저도 매우 씁쓸했다.

　경선 패배 후 서울시장 재보궐 선거를 다소 수동적인 입장으로 볼 수밖에 없었던 상황에서, 아내가 '긴급신호'를 쳤다. 곧 있으면 전세 만기가 온다는 말이었다. 무럭무럭 크고 있는 세 딸의 모습도 하루 종일 눈앞에서 아른거렸다.

정치인 아빠가 지고 있는 리스크가 얼마나 가족들에게 절절하게 와 닿는 문제인지 선연히 와 닿았다. 대학 이후부터 거의 20년 가깝게 정치판에 있으면서 부끄러운 일을 한 번도 저지르지 않았다는 자부심만으로 살았건만, 당장 가족에게는 제대로 안정감을 주지 못하는 아빠였다는 자괴감이 들었다.

하지만 정치의 현실은 냉정한 법이었다. 아무리 내가 짊어진 삶의 무게가 버겁고 그로 인해 슬프다 하더라도 정치는 그 상황을 살뜰하게 배려하거나 실패자를 다독여 주지 않는다. 약자의 눈물은 정치인이 닦아주는 것이 의무이자 책임이지만, 정치인은 정치인의 눈물을 제대로 닦아 주지 않는 법이다.

오히려 남의 실패를 비웃고 자기들끼리 한담의 소재로 삼기까지 한다. 그래서 나는 좌절을 곱씹기보다는, 일단 상황을 면할 수 있는 지름길을 택하며 좌절을 이겨내야 한다는 생각을 다졌다.

결국 양가 어르신들께 손을 내미는 수밖에 없었다. 시골에서 소를 키우시는 아버님과 택시운전을 하시는 장인어른께 또 한 번 큰 죄를 짓는 심정으로 아쉬운 말씀을 드렸다. 조만간 정치권에서 자리를 잡을 만한 기회가 생길 거라는 불확실한 약속과 함께. 그런 내 모습을 보며 아내가 보이지 않는 곳에서 얼마나 많이 눈물을 흘렸을까 생각하면 연신 가슴을 칠 수밖에 없는 나날들이었다.


## 윤석열 극장으로 들어가다

그렇게 아버님과 처가로 부터 긴급 자금수혈을 받은 이후 어느 날, 박근혜 정부의 국무조정실장을 지냈던 이석준 전 장관에게서 전화가 왔다. "윤석열 후보에 대해 어떻게 생각하느냐"며 나로부터 긴 시간 의견을 들었던 언론계 선배와의 만남 이후 생긴 일이었다. 그 만남 이후 정말로 변화가 있을 것이라고는 상상하지도 못했다.

"강명구 위원장이시죠. 윤석열 후보가 한번 만나보고 싶어 하십니다."

후보가 나에게 바라는 역할은 일정 총괄과 메시지 기획. 직책으로는 일정메시지팀장이었다. 선거의 핵심 프로그램을 맡긴다는 뜻이었다. 나는 후보와 일면식도 없었고, 나를 추천한 언론계 선배도 정치권에서 활동했던 이력이 없는 사람인데 정말 생경하고도 신기한 일이었다. 그 이전까지 윤석열 후보는 어느 정당에도 소속되지 않은 입장에서 여러 분야의 전문가를 만났고, 그들과의 일정이 매번 뉴스에 공개되곤 했다.

윤석열 정부 출범 후 과학기술정보통신부 장관이 될 이종호 서울대 공대 교수, 윤 정부의 노동개혁에 큰 모티브를 제공한 정승국 중앙승가대 교수, 코딩 교육 활성화 정책에 큰 영감을 준 블록체인 벤처와의 만남 등이 이목을 끌었다. 하지만 그 일정들만으로는 대선후보의 정치적 메시지로 발신하기 어려웠다.

결정적인 국면에서 자신을 떠받칠 세력과 관련된 일정, 또 미래 지도자로서 선명한 가치를 제시할 만한 일정이 필요했다. 정당 소속 후보가 아니기 때문인지 정치인들과의 만남이 좀처럼 전파되지 않는 것도 매우 생경했다.

때마침 윤석열 후보는 21년 6월 29일 대선 도전 선언을 한 뒤, 본격적으로 정치 일정을 꾸려가려던 입장이었다. '정권 교체 후보'로서 나설 것이라는 메시지는 매우 분명했지만, 어느 세력을 기반으로 대선 국면을 이끌고 갈지는 선명하지 않았다. 그래서 나는 처음 만난 입장이지만, 매우 당돌하게 질문했다.

"후보님. 대선 정국에서 확실한 그립(grip)을 쥘 만한 '킬러 콘텐츠'라고 자부하시는 게 어떤 것입니까. 혹시 경제 자문 그룹은 있으십니까. 지금 이마빌딩 캠프는 검찰청 사무실 같습니다. 대선캠프는 사람들이 왔다갔다 하는 곳인데 여기는 아무나 들어오기 힘든 느낌을 줍니다."

물론 당시 윤석열 후보에게는 자문하는 사람들이 많았다. 유홍림 서울대 교수(이후 서울대 총장) 등을 중심으로 정책자문그룹이 있었고, 친구인 이철우 연세대 교수를 필두로 한 전문가 지인들도 많았다. 게다가 젊어서부터 새로운 지식과 정보를 얻는 것을 매우 좋아한다는 후보의 성향 상, 고견을 제시할 사람들은 많았다.

문제는 정치가 '아이디어'만으로 되지 않는다는 사실이다. 후보가 6.29 대선도전 선언에서 말한 대로, "열 가지 중 아홉가지 생각은 달라도, 정권교체로 국가를 정상화시키겠다는 한 가지만 같으면 힘을 합치자"는 방침을 실현할 전략이 필요했다. 그래서 나는 후보에게 과감하게 주장했다.

"정치 선언을 하셨기 때문에, 정치 일정을 하셔야 합니다. 그래야만 지금까지 얻으신 열화와 같은 국민의 성원을 정권 교체 동력으로 바꿀 수 있습니다."

한참을 생각하던 후보는 이렇게 답했다. 기대하지 않았던 즉각적인 반응이었다.

"강명구 위원장은 의원 보좌관을 오래 했고, 당협위원장도 하지 않았습니까. 선거를 해봤잖아요. 일정과 메시지를 모두 맡길 테니 내일부터 강명구 위원장 마음대로 해보세요."

그렇게 나는 윤석열 극장의 '막후'로 들어가게 된 것이다.

# 04
## 변신, 또 변신

"나는 쑈는 절대 안합니다. 유권자들이 정말로 나에게 필요로 하는 것들을 할 겁니다."

윤석열 후보는 여느 대선 후보들처럼 상투적인 정치 일정으로 시간을 보내지 않겠다는 의지가 확고했다. 시장을 가서 떡볶이와 오뎅, 국밥 등을 먹고, 상인들과 화기애애한 사진을 찍거나 하는 모습들이 일종의 쑈이자 연출이라는 것이 지론이었다.

나는 후보의 심정을 충분히 이해했다. 동원된 군중이 아니라 진짜 현장의 사람들, 윤석열의 정치를 필요로 하는 사람들을 만나겠다는 의지가 느껴졌기 때문이다.

그래서 7월 5일 내가 일정팀장으로서 준비한 첫 일정은 서울대학교 원자핵공학과 주한규 교수와의 만남이었다. 주 교수는 탈원전 반대운동의 대표주자이면서 원자력계에서 가장 인지도 있는 학자다.

나는 일정 당일 새벽 5시에 갑자기 주한규 교수에게 전화를 걸어 "윤석열 후보를 모시고 갈까 하는데 괜찮으시겠느냐"고 문의했다. 갑자기 일정을 잡은 이유는, 국립대 교수 입장에서 정치인과의 만남을 부담스럽게 여겨 지레 사절할 것을 걱정했던 탓도 있었다.

평소에는 윤 후보의 행보를 지지한다면서도, 정작 자신이 행동에 나서야 할 경우 숨어 버리는 이들도 있었다. 하지만 주 교수는 매우 겸손하면서도 속이 단단하고 흔쾌한 분이었다.

"그럼요. 뵈어야지요. 기자 분들도 같이 오십니까."

국가의 백년지대계를 망치는 정책이었던 탈원전 문제에 대한 전문가 의견 청취 다음 날에는, 대전의 카이스트 원자핵공학과 석박사과정 학생들과 만나는 일정을 잡았다. '윤석열이 듣습니다'라는 민생 행보의 일환이었다.

그 일정을 소화하기 직전인 7월 6일 아침, 후보는 천안함 46용사와 고(故) 한주호 준위의 묘소, 연평해전 전사자 묘소 등을 참배하며 순국 선열들을 기리는 시간을 가졌다.

카이스트 원자핵공학과 학위과정생들과의 간담회는 후보의 열린 토론에 대한 의지를 확인할 수 있는 계기였다. 당일 현장에서 어느 학생이 "탈원전 반대 운동을 하고 있는 주대환 선생의 만민토론회가 오늘 열리는데, 가 보시겠느냐"고 즉흥적으로 권유했다. 전혀 계획되지 않은 일정이었다.

하지만 후보는 "꼭 가보겠다"고 하며 제안을 수용했다. 운동권 출신은 아니지만, 학생 시절부터 노동인권이나 복지 의제에 깊은 관심을 가졌던 윤 후보와 노동운동가 주대환 선생과의 만남은 강한 메시지를 던지는 사건이었다.

그날 열린 만민토론회 현장에는 김대환 전 노동부장관을 비롯해 과거 민변, 참여연대 등에서 활동하며 진보진영을 잘 아는 사람들이 모였다.
민주화 인사 출신들이 직접 나서서 민주화시대의 설거지를 하자는 대의명분으로 연대하는 분들이기도 했다. 민주주의가 사라진 민주당에 대해 강한 비판 정신을 갖고 정치를 시작한 윤석열 후보와도 결을 같이 하는 면이 있었다.

후보의 정치적 입장을 잘 드러내는 현장 전문가와의 만남, 국가·역사의식을 관찰할 수 있는 국립묘지 방문, 전통 보수 진영 인사는 아니지만 윤 후보의 신념을 지지하는 지식인들과의 만남 등이 씨줄과 날줄처럼 이어진 일정이 7월 5일의 행보였다. 후보는 "이제사 일정이 좀 되는 것 같네"라며 안도감을 드러내기도 했다.

## 5.18 민주화운동과 제헌절

선거 기간 내내 진행된 일정들을 전체적으로 묶어서 보면, 윤후보의 초기 대전 일정은 '가장 순한 맛'에 속하는 것이었다. 때에 따라서는 뜨거운 맛, 매운 맛을 내는 논쟁성이 있는 현장도 스스럼없이 방문해야 하는 인물이 대선후보라고 나는 생각했다.

반문진영의 대표주자이지만 중도적 성향도 가미되어 있었던 윤석열 후보가, '전통 진보'들이 갖고 있는 의제들에 대해서는 어떤 태도를 갖고 있는지도 일정을 통해 알려질 필요가 있었다. 그래서 기획된 것이 2021년 제헌절을 기해 광주 국립 5.18 민주묘지를 참배하고, 민주화 역사에 대한 후보 나름대로의 입장을 밝히는 일정이었다.

보수진영에서 '광주'는 매우 중요한 숙제처럼 여겨지면서도, 큰 성과를 기대하기 힘든 대상으로도 여겨지는 것이 사실이다. 아무리 애를 써서 광주·전남 지역을 찾아가고 공약과 정책을 제시해도, 결국 투표장에서는 별로 좋지 않은 결과로 돌아온다는 '냉혹한 현실'이 마치 경험칙처럼 자리잡고 있다. 윤석열 후보에게도 "정치 초기에 광주부터 방문하는 것은 좋지 않다"며 보수적인 접근 태도를 요구하는 이들이 꽤 있었다. 확장성과 개방성을 노리다가 전통 보수의 지지마저 잃을 수 있다는 논리였다.

하지만 정치공학적 계산 때문에 대의명분을 잊는 것은 윤석열 후보답지 않은 모습이라고 나는 생각했다. 후보 본인이 대선 도전 선언 당시 역설했듯이, 산업화 세력과 민주화 세력 간의 화합과 대단결을 통해 새로운 대한민국을 만들어 가자는 것이 정치 도전의 비전 아니었던가.

특히 윤 후보는 대학생 시절 형사법학회의 모의재판에서 전두환 전 대통령을 상대로 무기징역을 선고할 정도로 민주화운동에 대한 관심이 많은 사람이다. 당시 행적으로 인해 오랫동안 강원도의 사찰을 전전하며 숨어 다닐 정도였다.

"정치 선언을 하셨지 않습니까. 정치 일정을 절대 피하시면 안 됩니다."

나는 후보에게 간곡하게 매달렸다. 어지간해서는 즉답을 주지 않는 후보였지만, 광주 행보에 대해서만큼은 매우 즉각적인 반응이 나왔다. 제헌절을 하루 앞둔 2021년 7월 16일, 윤석열 후보는 기자들에게 낸 입장문을 통해 "제헌절에 대해 특별한 입장을 밝히지는 않겠다. '말보다는 행동'"이라고 하며 광주 5.18 정신을 기리는 망월동 국립묘지 참배 일정을 발표했다. 마침 감사원장 출신 최재형 후보가 "대통령도 헌법 아래다. 헌법에 충성하고 국민을 섬기겠다"고 밝혔던 것과 차별화된 모습이었다.

7월 17일 광주를 방문한 윤석열 후보는 "자유민주주의 정신을 피로써 지킨 5.18 정신을 이어받아 국민과 함께 통합과 번영을 이뤄내겠다"고 했다. 광주 정신이 진보진영의 전유물이 아니라, 자유민주주의라는 대한민국 정체성에 공감하는 모든 국민들의 것이라는 입장을 밝힌 것이다.

민주주의라는 표현은 자주 쓰지만, 자유민주주의라는 표현은 보수진영의 신주단지로 여겨 꺼리는 진보 정치인들에게도 신선한 충격을 줄 만한 사건이었다. 또 윤석열 후보는 5.18 정신을 헌법 전문에 넣는 문제에 있어서도 매우 전향적인 입장을 내놨다. "3.1운동이나 4.19 정신에 비춰 5.18 정신 역시 자유민주주의를 지키려는 숭고한 정신이기에 국민 전체가 공유하는 가치로 떠받들어도 손색이 없다"는 것이었다. 대한민국 존립의 헌법적 기반을 이야기하는 제헌절에 5.18 현장을 찾는 후보의 모습은 국민통합 메시지의 일환이라고 해도 과언이 아니었다.

## 시장행보 우려하던 후보에서,
## 시장의 힘 믿는 후보로

전문가들과의 만남, 역사 현장 행보와 같이 빛깔이 짙은 일정들로만 대선 캠페인을 꽉 채워서는 거대한 정치 드라마를 쓸 수 없었다. 때에 따라서는 후보의 소탈한 모습이 전략적으로 노출되어야 하고, 대중들과 웃으며 편안하게 함께하는 모습을 부각시키는 것도 중요했다. 게다가 엊그제까지 엄숙하기 그지없던 검찰총장의 자리에 있었던 후보였다.

같은 서울법대 출신 선배인 이회창 총재를 모시고 선거를 치를 때의 역설적인 느낌이 머릿속을 스쳐가기까지 했다. 한때는 이 총재도 대쪽같은 판결과 권력으로부터 흔들리지 않는 소신파 총리의 모습으로 국민적 인기를 얻었던 율사 아니었던가. 그럼에도 정치계에 뛰어든 이후부터는 계속해서 '권위주의자'라는 비난을 받곤 했다.

물론 윤석열 후보는 다른 정치인과 비교할 수 없을 만큼 푸근한 감성과 강한 남성적 이미지 자산을 갖춘 지도자였다. 그 장점이 십분 발휘되려면, 윤 후보를 가급적 대중들과 가깝게 엮어낼 수 있는 현장으로 모셔야만 했다. 그래서 나는 후보가 불편해 할 수도 있지만, '시장 행보'를 꼭 해내셔야만 한다고 누차 설득했다. 물론 '구닥다리 정치행보'라며 내게 핀잔을 주는 이들도 꽤 있었다.

하지만 코로나19 팬데믹으로 인해 가장 큰 피해를 본 이들이 자영업자·소상공인들이라는 점을 감안하면, 윤 후보의 시장 방문은 매우 중요한 일정이었다. 게다가 '약자와의 동행'을 계속해서 강조해 오지 않았던가. 민생 현장과 밀접한 정치를 표방하는 후보의 비전이 절대 말뿐이 아님을 보여주는 것도 절실했다. 떡볶이·오뎅·순대라는 매우 전형적인 아이템이 사실은 정책 아이템임을 입증해야 한다는 오기도 생겼다.

후보가 전통시장을 찾기 시작하자 그동안 숨겨졌던 '적성'이 여지없이 드러났다. 평소 요리하는 것을 좋아하는 윤 후보이기에 야채가게에서 물건을 보며 디테일에 강한 주부의 모습을 엿볼 수도 있는 순간들이었다.

"내가 왜 이렇게 좋은 것을 안 한다고 했을까? 정말 재밌네!"

시장에 가면 후보를 지지하는 이들과 유명인을 보는 것을 좋아하는 군중들이 몰려들며 장사진이 펼쳐지곤 했다. 다른 정치인들은 코로나19 팬데믹 이후부터는 아무리 시장을 가도 100명 이상 몰려들지 않는 것이 현실이었다. 그런데 윤석열 후보는 가는 곳마다 500명 이상이 운집하며 불야성을 이뤘다. 대구 서문시장이 대표적인 현장이었다. 후보는 시장을 가면 아픈 곳이 낫는 기분이라고 했고, "서문시장에서 권력이 나오는 것 같다"며 현장의 활기가 큰 정치적 에너지임을 고백하기도 했다.

후보는 끊임없이 새로운 것을 배우고, 변화하고 있었던 하루하루였다. '연출자이자 주연배우'인 정치인 윤석열의 진면목은 새롭고 생경한 것을 두려워하지 않고, 과감하게 부딪히고 자신의 것으로 만들려는 흡수력에 있다는 점을 다시금 확인하는 순간들이었다.

# 05
## 반복되는 위기

윤석열 후보의 대선 캠페인 중에 발생한 위기 중 절반 가량은 당내 네거티브로 인한 것이었다. 현직 당대표였던 이준석 대표의 소금기 가득한 비평은 윤 후보에게는 매우 당혹스러우면서도 불편할 수밖에 없는 행태였다.

윤 후보가 대선 도전 선언을 하기 한 달 전에 이미 한바탕 일이 벌어져 있었다. 21년 5월 이준석 대표는 윤석열 전 검찰총장의 대외 행보에 대해 평가하며 "당원들과 우리 당을 아끼는 분들이 조직적으로 야권단일후보를 도우려면, 국내산 한우 정도는 아니더라도, 국내산 육우 정도는 돼야 한다"고 했다.

순수하게 당에서 큰 후보는 국내산 한우, 외부 출신이지만 입당해서 경선에 도전한 후보는 국내산 육우쯤에 해당한다는 평가였다. 당외에 있다가 당내 후보와 단일화를 시도하는 야권후보는 아예 외국산 쇠고기 정도밖에 되지 않는다는 뉘앙스도 덧붙여졌다. 7월 중순까지도 국민의 힘 입당 여부를 정하지 못했던 윤 후보 입장에서는 모멸감이 들 수밖에 없는 언사였다.

입당 이후에도 이준석 대표 측과의 갈등은 계속됐다. 특히 21년 8월 초 녹취록유출 사건은 인간적 신뢰를 거둘 만한 사건이었다. 윤 후보와 이준석 대표가 나눈 대화가 녹음이 되고, 대표 측근 인사들이 녹음을 돌려서 듣다가 밖으로 내용이 새 나간 것이다. 설상가상으로 이 대표가 원희룡 전 제주지사와 전화통화를 하다가 '저거(윤석열) 금방 정리됩니다'라는 말을 했던 사실이 알려지면서, 사실상 대선후보 경선을 불공정한 판으로 끌고 가려는 의도 아니냐는 의혹이 제기되기 시작했다.

분명히 윤석열 후보는 당내의 다른 후보들과 비교가 안될 만큼 압도적 지지를 받고 있는데도 불구하고, 그 기반을 허물려는 당대표에 의해 평가절하 당하고 있다는 것이다. 누가 봐도 분노할 수밖에 없는 상황이었음에도 불구하고, 윤석열 후보는 특별히 화난 기색을 참모들에게 내비치지 않았다. 아마도 유명한 추·윤 갈등 시절부터 단련된 내성 탓은 아닐까 싶었다. 오히려 화를 내지 않는 모습이 더욱 무섭게 느껴지기까지 했다.

## 여의도 셈법을 따르지 않겠다

윤 후보의 선거 운동 초기에 많은 지인들은 나를 격려하면서도 "어려운 과정을 거쳐 모시게 된 후보인데 또 (후보가) 떨어지면 어떻게 하느냐"는 걱정을 해주곤 했다. 윤 후보가 선거운동을 무사히 마무리하기 힘들 거라고 부정적 전망을 내놓는 사람까지 있을 정도였다. 대선 도전 이전부터 장안의 화제였던 '윤석열 X 파일'로 인해 정치 자체를 하기 힘들 거라는 이야기를 하는 경우도 있었다.

게다가 정치 도전 선언 후 열흘쯤 되었을 무렵, 윤석열 캠프의 대변인이 연루된 '가짜 수산업자 사기 사건'까지 터졌다. 포항의 가짜 수산업자 하나가 내로라 하는 중진 정치인, 법조인, 기자, 종교인까지 로비했다는 사실이 드러나면서 윤석열 후보 주변까지 영향을 미쳤다는 것이 큰 충격이었다.

왜 하필 윤 후보가 정치를 시작할 무렵에 해당 사건이 폭로됐는지는 지금도 미스테리다. 후보 주변을 파면서, 당사자의 비위가 언젠가는 드러나게 될 것이라는 흑심을 품은 자들의 공작은 아니었을까.

사실 나는 네거티브 자체 보다도 네거티브에 대응하는 정치인의 자세가 더 중요한 영향을 미친다는 지론을 갖고 있다. 그래서 일련의 문제가 터질 때마다, 후보에게 문자를 보내면서 "문제가 없다는 사실을 후보 본인이 언론에 강하게 피력하면서 정면돌파해야 한다"고 건의했다. 일련의 문제들을 대변인이나 캠프 참모를 통해 대신 브리핑하는 것보다는, 후보 특유의 '직진' 이미지를 언론인들에게 확실히 각인시키는 것만이 문제를 해결하는 묘수라고 주장한 것이다.

게다가 첫 번째 대구 일정 이후 언론인들의 후보에 대한 시선이 매우 날카로워져 있었다. 뭐라도 실수하면 반드시 기사화하고야 말겠다는 의지가 생생하게 느껴지는 나날이었다.

"지금 이 순간 총장님께서 언론의 집중포화를 받아 피를 흘리시더라도, 예전 총장 사퇴 무렵의 심정으로 돌아가 강단 있게 승부를 보시는 게 옳다고 생각합니다"

지금 생각해보면 나도 후보의 진면목을 잘 모르고 수많은 문자 건의를 했다. 살인적인 스케줄을 소화하는 후보에게 직접 말씀드릴 기회가 없는 날은, 반드시 문자를 보냈다. 나중에 자초지종을 알아보니 후보는 내 문자를 거의 실시간으로 읽고 생각을 잠시 정리하곤 했던 것이었다. 수많은 문자에 즉답을 받을 수는 없었다. 하지만 꽤 시간이 흐른 뒤에 아주 상징적인 답변을 들을 수 있었다.

"나는 여의도 셈법대로 문제에 대응하지는 않을 것이네. 다만 정치 공작에 거리낄 것들은 하나도 없으니 절대로 흔들리지 마시게."

여느 정치인들 같으면 사건이 터질 때마다 어떻게 되받아 칠까, 상황이 최악으로 전개되면 사과를 하거나 위기를 면하기 위한 메시지를 개발해야 하지 않을까 고민하는 것이 사실이다. 실제로 캠프 안에는 후보에게 문제가 터질 때마다 유감 표명 정도는 해야 한다고 주장하는 사람들이 꽤 됐다.

팩트를 따지기보다는, 문제에 대응하는 태도를 더욱 중시하는 한국인들의 관념을 절대 거슬러서는 안 된다는 입장을 고수하는 이들도 있었다. 다들 후보의 안위를 염려하는 차원에서 주장하는 것이었겠지만. 그런데 윤석열 후보는 절대로 일희일비하지 않았다. 그리고 무작정 무반응이 아니라 아주 상징적인 대응 한두 번으로 크게 판을 뒤흔드는 입장을 취하곤 했다.

## 결국, 입당

"창당이냐, 입당이냐." 거의 십자포화에 가까운 네거티브를 당하는 와중에서도 윤석열 후보는 선거 운동을 지속하기 위해 전략적 판단을 내려야만 한다는 중압감에도 시달려야 했다. 검찰총장을 그만둔 지 5개월여 만에, 윤석열이라는 개인 브랜드만으로는 대선을 무사히 치러내기 어렵다는 판단을 하게 된 것이었다.

그렇다고 국민의 힘이라는 정당이 윤 후보를 무작정 긍정적인 자세로 받아줄 만큼 열린 자세를 취했던 것도 아니기에, 판단에 더욱 신중을 기할 수밖에 없었다. "나는 보수도, 진보도 아니다"라는 실사구시적 입장은 입당을 하고 나면 퇴색될 수밖에 없는 것이 현실이었다.

당장 국민의 힘 외부에서 대선 레이스를 뛰고 있는 안철수 국민의 당 대표와 어떻게 연대·단일화할 것인지도 큰 관건이었다. 국민의 힘 내부에는 수많은 경선 주자들이 있었는데, 그들이 최종 경선을 거치고 나서 어느 정도 체급까지 끌어올려지느냐도 초미의 관심사였다.

거대 정당은 후보가 없으면 후보를 만들어 내는 묘기를 부리는 조직이다. 또 그 과정을 통해 만들어진 후보가 의외의 선전을 통해 선거 승리를 거머쥐기도 하는 것이다. 2021년 4월 재보궐 선거에서 다시 서울시장에 당선된 오세훈 시장이 대표적인 사례다.

뒤집어 말하면, 거대 정당이라는 배경을 갖고 있지 않은 외부 후보는 수많은 네거티브와 지지 세력의 위축, 좌절과 같은 과정을 거쳐 초창기보다 훨씬 못한 지지율을 성적표로 받아드는 경우가 많다.

7월 한 달 간, 캠프 안에서는 "입당이냐, 창당이냐" 여부를 둘러싸고 연일 갑론을박이 벌어졌다. 만약 창당을 하게 된다면, 국민의 힘 출신으로 윤석열 후보를 지원하고 있는 사람들은 탈당을 하거나, 당적을 유지하기 위해 후보 지원을 포기해야만 하는 상황이었다. 당대표가 "입당하지 않은 후보를 지원하는 정치인들은 징계할 수 있다"고 거세게 압박해 오는 것도 변수라면 변수였다.

만약 윤석열 후보가 국민의 힘에 들어가지 않고 창당을 선택한다면, 어떤 세력과 함께 하느냐도 큰 관건이었다. 대선 주자를 배출하지 못한 어느 정당을 잡아 인수해야 하는가, 아니면 아예 창당준비위원회부터 시작해서 당원들을 모아 가며 새 둥지를 틀어야 하는가.

국민의 힘이 지난 2016년의 박근혜 대통령 탄핵과 2017년의 구속, 2018년의 이명박 전 대통령 구속 등을 겪으면서 도덕적 책임을 안고 있는 세력이기 때문에, 절대로 함께 해서는 안된다는 원리주의적 입장을 가지는 참모들도 꽤 있었다.

한때 해프닝처럼 번졌던 "국민의 힘에 부득이 입당하게 되었다"는 후보의 말이 나오게 된 배경이었다. 정권 교체가 과연 작금의 진보진영을 완전히 부인하고, 전통 보수세력을 복원하는 것인지 되물으면 '그렇다'고 답할 수도 없는 것 또한 현실이었다.

그 무렵, "호랑이를 잡으려면 호랑이 굴로 들어가야 하는 것 아닙니까"라고 주장했던 이들이 결국 윤 후보의 마음을 사로잡았던 것으로 보인다. 21년 7월 30일 이른 아침에, 후보는 종로 이마빌딩 캠프에 구성원들을 모아 놓고 이렇게 전격 선언했다.

"오늘, 입당할겁니다. 필요한 서류를 바로 준비해 주면, 국민의 힘 당사에 가서 제출하겠습니다."

나로서는 묵은 체증이 내려가는 것 같은 기분이 들었다. 내가 오랫동안 몸 바쳐 왔던 당을 떠나지 않고도 후보를 모실 수 있는 길이 열렸기 때문이다. 그리고 윤 후보 역시도 이제 수많은 당원들의 지원을 받고 일련의 국면을 헤쳐 나갈 수 있는 든든한 그루터기가 생겼다는 안도감을 갖게 되지 않았을까 싶었다.

하지만 "보수, 진보라는 규정에 휘둘리지 않는 실사구시 정치를 하겠다"는 원래의 구상을 수정해 길을 돌아가야 한다는 사실이 후보에게는 상당한 압박요인이었던 것처럼 느껴지기도 했다.

후보가 여의도 남중빌딩의 당 사무실로 가는 일정은 내가 직접 수행했다. '윤석열 후보 입당'이라는 역사적인 순간을 생생하게 보고 싶었던 마음이 컸고, 긴장감이 가시지 않는 순간을 나와 함께 하고자 했던 후보의 선택이 결정적이었던 듯 하다. 정말 감사한 일이었다.

당사에는 당대표를 대신해 현장에 나온 권영세 의원을 비롯해 당 관계자들과 수많은 기자들이 몰려들어 있었다. 잠시 화장실에 들어갔다 나온 후보는 그동안 입당 여부를 고민하던 모습은 온데간데 없고, 유머로 맞받아 칠만한 얼굴을 하고 계셨다.

"됐지? 갑니다."

국민의 힘 대통령후보 윤석열의 길이 시작되는 순간이었다.

# 06
## 매머드 선대위의 고민

입당 후 윤석열 후보 캠프는 점점 세가 불었다. 일단 1등 후보라는 것 때문에 곳곳에서 사람이 몰려들었다. 선거라는 게 원래 본부장·위원장·특보직이 수 만개 있는 이벤트라고 하지만, 20대 대선 당시에는 여느 때보다 더 많은 사람들이 참여했다. 그만큼 정권교체에 대한 열망이 강했다고 봐도 좋을 것이다.

내가 꾸렸던 일정·메시지팀은 입당 전 이마빌딩 시기부터 후보의 지근거리에서 '5분 대기조'처럼 일했다. 우선 나와 같이 청년 당협위원장으로 함께했던 김성용(전 송파병 당협위원장, 윤석열 정부 출범 후 대통령실 청년팀장), 조지연(전 미래통합당 경산 예비후보, 윤석열정부 출범 후 대통령실 국정메시지담당

행정관)이 소속됐고, 당에서도 박동석(국장, 윤석열정부 출범 후 통일부 정책보좌관), 강지혜(윤석열 정부 출범 후 대통령실 과장) 한재근 (강원도지사 정무비서관)등이 참여했다.

영등포에서 당협위원장으로 뛸 때부터 나는 팀 규모가 너무 크면 '배가 산으로 간다'는 생각을 많이 하는 편이었다. 그래서 믿을 만한 친구들끼리 허심탄회하게 토론할 수 있는 5~6명 정도가 최선이라고 생각했다. 조지연은 잘 다니던 빅데이터 회사를 그만두고 일정메시지팀에 합류했고, 김성용은 제주도에 여행차 도착한 그날 바로 짐을 싸서 서울로 올라와 대선캠프에서 일했다. 윤석열 후보를 모신다는 것은 그만큼의 희생과 헌신이 필요한 일이었다.

그런데 윤 후보의 캠프 규모가 점점 커지면서, 얼굴을 모르는 사람들이 계속 늘어나더니, 나중에는 당의 국회의원들까지 합류해 보직을 받기 시작했다. 원의 당협위원장으로서 국회의원들을 자주 접촉했던 나이지만, 원내 구성원들보다는 아무래도 권력 서열이 밀릴 수밖에 없는 것이 현실이라 속으로 끙끙 앓아야 하는 시간이 꽤 있었다.

보고체계도 점점 불어나 8명의 위원장·본부장에게 보고를 마친 후 비로소 윤석열 후보의 일정을 최종확정할 수 있었다. 선대위원장으로 계셨던 김종인 위원장, 기획총괄본부장 역할을 했던 금태섭 전 의원도 '보고 라인'에 들어가 있었다. 그렇다 보니 자연히 후보를 직접 뵙고 보고하는 것이 매우 특별한 이벤트가 되어 버렸다.

대선 과정에서 후보의 일정은 권력과 직결되는 사안이다. 일단 일정 중에 어디에 가서 누구를 만나느냐가 후보의 정치적 평가를 좌우한다. 만약 성과가 좋을 경우에는 해당 일정과 직접적으로 연결되는 사람이 그 성과를 안아가기도 한다.

어떤 캠프 구성원들은 자신이 소속된 업계·학계 등에서의 체면을 세우기 위해 캠페인 기간 내내 후보 일정 1개를 잡는 것에만 혈안이 되는 경우도 있다. 하지만 이들의 염원을 실현하려고 하다 보면, 후보의 스케줄 자체가 혼탁해질 수밖에 없고, 정말 중요한 시기에 에너지가 방전되어 버릴 위험도 있다. 그래서 일정팀에 대해 윤 후보는 이런 농담을 자주 했다.

"대통령 후보가 일정 15~20개씩 소화하다가 쓰러져 죽으면 어떻게 할거요?"

나중에야 내가 "지금 살아 계시지 않습니까"라고 눙치곤 했지만, 캠페인 초기에는 후보의 일정이 구성원들 개개인의 눈을 벌겋게 할만한 상황이 많았다. "일정팀장 누굽니까. 잘라야 합니다"라고 공격하는 사람들도 꽤 있었다.

그들이 원하는 일정 민원을 제대로 들어주지 못하는 경우에 벌어지는 일이었다. 일정 메시지팀에 지방대 출신이 많다는 이유로 "전문가를 보강하시면 어떻습니까"라고 후보에게 직접 건의하는 인사들도 많았다.

자칫 잘못하다가는 캠페인 도중에 내가 미아가 될 위험이 있는 사건이 한두 번이 아니었다. "그러면 집에 가야지"라고 스스로 되뇌었던 순간도 있지만, 나뿐만 아니라 윤석열 후보 일정메시지팀에 있는 구성원들 모두는 이번이 마지막 기회일 거라는 심정을 갖고 있었다. 그래서 더욱 업무에 열중할 수밖에 없었다.

"명구 형, 잘 먹어야 돼. 야, 너거들도 잘 먹어야 돼. 이번에 선거 지면 그냥 뒤지는거야. 일단 잘 먹고 목숨을 걸고 일해야 돼."

당에서 국장으로 일하던 박동석이 늘 자기 카드로 밥값을 계산하며 자주 하던 말이었다. 우리들은 대부분 법적으로 근로계약이 되어 있지 않은 백수였지만, 동석만큼은 일정메시지팀에서 '고액연봉자'였다.

그전까지 나는 어딜 가서나 먼저 카드로 밥값·커피값을 계산하는 좌장 노릇을 했다. 하지만 윤석열 후보 캠프에 입문하기 직전에는 정말 돈이 없었고, 걸 것이라고는 내 목숨밖에 없었다.

후배에게까지 밥값을 물리는 못난 팀장, 이번에 지면 뒤진다는 자극적인 메시지를 팀원에게 들어야만 하는 팀장의 신세를 탓할 겨를도 없었다. 어떻게 하면 윤석열 후보의 일정이 성공적이라는 평가를 받을것이냐, 거기에만 주력해야 하는 상황이었다.

다행히도 후보는 나의 '독한 심정'을 어느 정도 알고 계셨던 것 같다. 어느날 갑자기 후보는 여러 위원장·본부장·의원급 인사들을 모으더니 이런 선언을 하셨다.


"저는 이제부터 일정에 대해서는 강명구에게만 보고받을테니, 그렇게 아시면 됩니다."


## 김종인이냐, 이준석이냐

그렇게 고비를 넘기나보다 했고, 윤석열 후보는 2021년 11월 초 당의 대선후보로 확정되었다. 경선 후보 TV 토론 과정이 길어지다 보니 후보간 경쟁이 과열되어 있었고, 핸드폰 문자와 카톡창이 수많은 지라시로 도배될 정도로 당내 네거티브 상황도 심각했다.

"이렇게 해서 어떻게 선거 치를까" 걱정스러운 나날이 많았지만, 윤 후보 특유의 묵직한 정면돌파력 덕분에 매일매일 버틸 수

는 있었다. 그리고 정치 도전 5개월여만에 '윤석열 전 검찰총장'
께서 '윤석열 대통령후보'로 변신하신 것이다. 정말로 역사적인
일이었다.

　그 이전까지 '매머드 선대위'는 이제 '매머드 군단급 선대위'
로 점점 커지기 시작했다. 당의 대선후보이기에 그랬던 것도 있
고, 민주당 당대표 경선 과정에서 이재명 후보의 확정을 납득할
수 없는 비명계 인사들이 암암리에 윤석열 캠프로 합류한 것도
주효했다. 가장 인상적인 것은 김한길 전 민주당 대표(윤석열 정
부 출범 후 국민통합위원장)의 '등판'이었다.

　윤석열 검사가 2013년 국정원 댓글수사로 인해 징계정국의
한복판에 있을 당시, 윤검사의 신변보호를 박근혜 대통령에게
강력하게 주장했던 인물이 김한길 전 대표였다. 민주당 주류인
386 운동권과는 결을 달리하는 인물이지만, 중도진보를 대변하
는 정치인이 합류했다는 것은, 그만큼 윤석열 후보의 흡수력이
강하다는 것을 뜻했다.

　당내의 전통 보수 정치인들 이외에 매머드 군단급 선대위의
또다른 축에는 김종인 전 비대위원장과 이준석 대표가 있었다.
두 사람은 2011년 박근혜 비대위 시절부터 거의 정치적 동반자
역할을 했던 입장이었다. 이준석 대표는 김종인 위원장을 "정책
과 정무가 다 되는 몇 안되는 정치인"이라고 평가했고, 김 위원

장도 자신이 아끼는 이 대표의 극찬을 별로 싫어하지 않는 눈치였다.

게다가 김 위원장은 윤석열 검찰총장에 대한 대중적 지지가 확산되는 과정에서 '별의 순간'이라는 독일 문인의 표현을 인용하며 윤석열 현상을 개념적으로 정의한 인물이라는 입장을 갖고 있었다. 당연히 자신과 이준석을 중심으로 선대위가 꾸려졌으면 하는 마음을 갖고 계셨을 것으로 보였다.

그런데 김종인 위원장과 이준석 대표는 주로 미디어를 통해 자신의 정치적 기량을 과시하는 편이다 보니, 자연히 후보의 입장에서는 불편할 수밖에 없는 비평적인 발언들이 많았다.

게다가 이준석 대표는 윤후보가 21년 9월 당시에 최대의 네거티브를 당했던 '고발사주' 이슈에서도 별다른 입장을 피력하지 않고, 이슈 제기자인 조성은 씨가 제 발로 당을 나갈 때까지 제대로 된 조치를 취하지 않았던 전력이 있었다. 윤석열 후보 캠프 입장에서는 몹시 불안한 동거가 계속되고 있었다.

특히 이준석 대표를 지지하는 '에펨코리아'를 비롯한 인터넷 커뮤니티에서는 윤 후보의 발언 하나하나를 꼬투리잡으며 '짤'이나 '밈'으로 만들어내는 경우가 많았다. 자당의 대선후보를 거의 멸칭을 섞어가며 비하하고 길들이기 목적으로 공격하는 행태는 여야 통틀어 거의 없는 일이었다.

어쩌면 2017년 민주당의 대선 경선 당시 문재인 후보와 반대편의 당원들이 경쟁하는 과정에서 만들어진 '빠'와 '까' 문화가 국민의 힘에도 이식된 것 아닌가 싶을 정도로, 윤 후보에 대한 공격이 심했다.

게다가 이 대표의 팬들이 쓴 글이나 포스팅이 기사의 핵심 주제가 되고, 다시 윤석열 캠프의 정치적 대응에 영향을 주는 악순환이 계속되고 있었다.

가장 결정적인 상황은 김종인 위원장의 발언을 통해 벌어졌다. "우리가 비서실장 노릇 할테니까, 후보는 연기만 좀 해달라." 2022년 1월 3일에 일어난 사건이었다.


## 선대위 해체와 슬림 캠프의 등장

김종인 위원장의 돌출 발언은 사실 선대위의 근본적 문제와도 연관성이 있었다. 정권교체를 위해 꾸려진 매머드 군단급 선대위가, 앞으로 어떤 방향으로 나아가느냐에 대한 전략적 결단이 필요한 사안이었던 것이다.

이질적인 사람들끼리 한데 모여서, 과거에 보수정당이 내놓지 못했던 창의적 접근을 통해 새 길을 열 수 있을 것이라는 기대가 좌초될 수도 있는 상황이었다. 후보 중심으로 선대위를 완전히 재편하지 않으면, 대선 전에 조직의 기강이 무너질 수도 있다는 건의가 빗발치기도 했다.

게다가 김 전 위원장 측에서는 김병준 전 자유한국당 비대위원장, 김한길 전 민주당 대표의 캠프 참가를 내심 못 마땅해 하는 눈치였다. 이준석 대표는 "반문 연대가 되어서는 곤란하다"는 방식으로 응수했다. 어쩌면 자신을 비롯한 지지그룹에서 중도층을 겨냥하는 모양새가 나와야만, 정치적 입지를 지킬 수 있다는 계산에서 나온 대처일지도 몰랐다.

윤 후보의 서초동 자택에 캠프의 전략과 일정을 담당하는 소수 인원이 모였다. 정무보좌역 역할을 하던 한오섭 전 청와대 선임행정관(윤석열정부 출범 후 국정상황실장, 정무수석), 이상휘 세명대 교수(윤석열 당선인 인수위 정무팀장), 그리고 나를 후보가 호출한 자리였다.

처음에는 저녁 한끼 먹으면서 지금껏 있었던 일들에 대해 다시 한번 생각해보고 대응 방안을 논의해보자고 후보가 초청한 것이었다.

후보를 비롯해 캠프 구성원들이 심적으로 고단했던 상태였던지라, 식사와 함께 술잔이 몇순배 돌았다. 그러자 참석자들의 말도 많아지기 시작했고, "김종인·이준석을 같이 정리해야만 후보의 기강이 설 것"이라는 말까지 나왔다. 나는 다른 선배들과는 달리 말없이 밥만 먹었다.

"명구, 왜 말이 없어. 한마디 해봐."

후보의 말씀이 있자, 나는 선배들과는 다른 각도로 건의를 했다.

"김종인 위원장과 이준석 대표 중에 누굴 선택하느냐, 저는 그것은 후보님의 결정에 전적으로 맡겨야 한다고 생각합니다. 1~2일 출근하지 마시고, 후보님께서 원하시는 대로 결정을 하시면, 캠프는 그대로 가는 게 맞다는 생각을 하고 있습니다."

다소 무책임한 답변이었지만, 나는 분명히 후보의 마음속에 단안(斷案)이 있을 것이라고 생각했다. 예상한대로 매머드군단급 선대위는 해체했고, 김종인 위원장과 김병준 공동위원장도 물러났다.
캠프의 외곽에 있었던 김한길 전 민주당 대표의 새시대위원회도 해체하고 '정권교체동행위원회'라는 후보 직속 조직으로 성격이 변화되었다.

## 갈등을 해결하는 방법

이준석 전 대표와의 사건들도 '후보의 연기 발언'만큼이나 치명적이었다. 이 대표는 윤 후보에게 제공할 '연습문제' 중 하나로 아침 출근 시간에 지하철역에서 인사하는 것을 이야기했다.

당시 김기현 원내대표와 권영세 본부장은 대선 후보가 할 일이 아니라고 이야기했고, 여러 사람들도 "총선이라면 모르겠지만, 대선 때 할 일은 아니다"라며 부정적인 의견을 보고했다. 윤석열 후보 캠프에서 특별한 반응을 내놓지 않자, 이 대표는 갑자기 '앞으로 선거 캠페인을 지원하지 않겠다'는 메시지를 올리고는 잠적했다.

원래 국민의 힘 당헌당규에 따르면, 대선 기간 동안에는 대선 후보가 당대표의 권한까지 행사하도록 되어 있다. 19대 대선 당시에 인명진 자유한국당 비대위원장이 직을 사퇴하고, 홍준표 후보에게 모든 것을 넘겨준 것도 같은 맥락이었다.

하지만 윤 후보는 자신보다 정치 경력이 오래된 이 대표의 입장을 존중했고, 그와 많은 것을 상의해서 결정하는 대선후보의 선례를 남기고 싶어했다. 그래서 가급적이면 감정섞인 이 대표의 메시지에 대한 즉답보다는, 굵직한 결정을 통해 대응하는 것을 선호했다.

김종인 위원장의 발언 후 3일이 지났다. 두 군데서 크게 충격을 받은 윤석열 후보 캠프는 이제 그들의 요구를 받을지 말지 결정해야 하는 상황에 직면했다. 나는 윤 후보께 이렇게 문자로 건의했다.

"일단, 이준석 대표는 윤 후보님과 게임을 하자는 입장을 갖고 있는 것으로 보입니다. 이게 예의가 아니라는 관점으로만 보지 마시고, 게임으로 답해주시는 것도 정치적으로 묘수가 될 것 같습니다."

그러자 윤 후보는 한참을 생각하시는 듯 답이 없었다. 그리고 한 시간 뒤에 이런 답을 보내왔다.

"ㅋㅋ. 됐네."

거의 5개월 넘게 윤석열 후보를 가까이에서 겪어 보니, 후보가 말하는 것보다는 말하지 않는 것에 해답이 있는 경우가 많음을 느끼곤 했던 나였다. 만약 이준석과의 게임을 후보가 받아들일 수 없었다면, 분명히 그럴 만한 논리적 사정을 언급할 것이라 생각했다. 하지만 윤 후보는 매우 다의적인 듯한 답변을 했고, 나는 밤늦은 시간에 온 답장의 '행간'이 있음을 직감했다.

몇 시간이 지난 새벽 5시가 되었다. 갑자기 후보가 전화한 것이었다. 새벽 통화는 흔히 있는 일이지만, 불과 몇 시간 전에 건의 드렸던 사항이 있었던지라 어떤 말씀이 떨어질지 새삼 궁금했다.

"그 장소가 어디지? 여의도역 5번 출구라고 했나? 명구 자네가 이용 의원에게 전화해서 내가 그리로 갈 거라고 이야기 해."

다음 일은 그 당시 선거 캠페인을 지켜봤던 모든 국민들께서 아시는 내용이다. 나에게는 매우 뿌듯한 순간이었다. 윤석열 후보의 묵직한 대응으로 게임의 그림을 완성하는 장면이었기 때문이다.

2021년 12월 31일, 일련의 사건·사고들에 대한 대국민 메시지 차원에서 신발을 벗고 큰절을 했던 후보의 모습도 복기하게 되는 대목이었다.


## "자네는 오늘부터 윤석열 사람이야"

매머드 군단급 선대위가 해체되고, 또 다른 슬림 선대위가 출범하고, 윤석열 후보가 전격적으로 젊은 당대표의 '연습문제'를 풀어가는 과정은 한순간도 놓칠 수 없는 긴장 가득한 상황들이었다. 그 가운데서 나는 어떤 역할로 기여하고 있다고 해야 할까. 거대한 시스템의 부품 중 하나일까. 아니면 윤석열이라는 리더가 대한민국을 변화시키는 과정에서 명확히 가치를 창출하는 참모로 작동하고 있는 것일까.

일련의 사건이 벌어지기 두어 달 전인 2021년 11월 말에 일어난 일을 다시 떠올려 봤다. 그때도 나는 어김없이 종로 이마빌딩 캠프 사무실에서 야근을 하고 있었다.

이제 여의도 대하빌딩의 공식 대선후보 사무실로 모두가 옮겨가기 직전의 상황이어서, 대부분은 자리를 빼고, 소수의 인원만 자리를 지키고 있었다. 그러다 갑자기 핸드폰 벨이 울리는 것이었다.

"자네, 어딘가?"
"캠프에 있습니다. 후보님"
"아무도 없는데 혼자 뭐하는 거야. 밥이나 먹게 빨리 내려오게."

그렇게 해서 빌딩 근처에 있는 지하식당가에서 후보와 단둘이 저녁식사를 하게 됐다. 어찌 보면 직접 모시기로 확정한 이후 후보와 거의 처음으로 단독 면담을 하는 자리였다.

"자네, 술 마실줄 알지? 먹고 싶은건 다 시키고!"

후보는 특유의 제조법으로 소주와 맥주를 말아서 주면서 내 인생사를 물어보셨다. 어쩌면 일정메시지 팀장을 맡기기로 했던 몇 달 전의 면담보다 좀더 농밀하고 직접적인 질문이 오갈 수 있는 상황이었다.

"정치인 누구누구를 모셔봤는가?"

분명히 이력서를 통해 후보가 알고 계셨을 내용이었다. 윤 후보는 아주 작은 팩트까지 조밀하게 기억하는 습관을 가진 사람이다.

그럼에도 불구하고 나는 선거를 같이 했던 김용태 전 의원, 권영진 전 대구시장 등에 대해 이야기했다. 10년 간 내가 보수 정당에서 겪어왔던 숱한 사건에 대해서도. 윤 후보는 내내 듣고만 계셨다.

"그런데 말이야. 자네는 오늘부터 윤석열 사람이야. 알겠어?"

아주 짧지만 매우 묵직한 한 말씀이었다. 어쩌면 나는 그 말씀 한 마디를 듣기 위해 6개월 내내 불철주야 달려왔는지도 모르겠다는 생각을 했다. 또 다른 묵직한 한 마디는 그 다음에 나왔다.

"이번 선거, 하고 싶은 대로 해보게!"

# 07
## 위임과 신뢰의 힘

대통령 선거 투표일을 며칠 안 남겨 둔 2022년 2월 23일의 일이다. 윤석열 후보가 열렬히 관심을 쏟아 왔던 동서 통합의 메시지를 발신할 수 있는 일정을 추진하기로 한 날이다.

윤 후보는 21년 7월 17일 제헌절에 광주를 방문하며 5.18 정신의 헌법 전문 삽입에 대해 이야기하기도 했고, 5.18 민주 열사의 유족을 만나 자유민주주의의 가치를 되새기는 시간을 갖기도 했다. "영남과 호남이 함께 잘 살아야 우리나라가 선진국이 된다"는 이야기를 선거 내내 피력하기도 했다.

또, 윤 후보가 충청권 출신 후보이니만큼 영남·호남의 교차점에서 어떻게 하면 화해를 모색할 수 있을지 끊임없이 고민했던 것도 중요한 맥락이었다. 그래서 우리 일정팀은 김대중 전 대통령 생가 방문을 통해 대선 당선 후 출범하게 될 윤석열 정부가 진정한 국민통합정부임을 알리는 이벤트를 만들어보고자 했다.

김대중 전 대통령 생가는 전남 신안군 하의면에 위치한 하의도라는 섬에 있다. 그곳에 가려면 목포항에서 배를 타고 들어가야만 한다. 그런데 기상 조건이 좋지 않으면, 여러 사람이 배를 타고 현지에 방문하는 것은 위험한 일이기에, 윤석열 후보의 생가 방문은 언감생심 꿈꾸기 힘든 것이었다.

민주당의 대선 후보들도 김대중 전 대통령 생가를 직접 방문하는 것은 포기하고, 목포 유세로 대체하고 서울로 돌아가는 경우가 많았다. 게다가 대선 때는 1분 1초가 아까운 시기다.

배를 탄 후 섬까지 들어갔다가, 일정을 소화한 후 다시 나오는 과정에서 꼬박 하루가 걸린다. 기회비용을 생각하면, 하의도 방문은 욕심내기 힘든 일정이었다.

하지만 나는 생각이 달랐다. 목포는 아무리 선거운동을 열심히 하더라도 국민의 힘 후보가 호평받기 어려운 지역이다. 물리적으로 현장에서 대선후보가 노출되는 것이 득표에 큰 영향을 미치기 어렵다는 뜻이다.

차라리 윤석열 후보가 김대중 전 대통령의 하의도 생가를 방문해 의미심장한 메시지를 던지고, 그 장면이 전국으로 발신되는 것이 훨씬 의미있는 사건으로 여겨졌다.

게다가 호남 거주자 뿐만 아니라, 호남 출신이지만 수도권에 살고 있는 상당수의 유권자들에게 윤석열 후보의 노력과 진정성을 알릴 수 있는 기회라고 생각했다. 윤 후보는 일정팀의 의도와 전략을 충분히 이해해 주셨고, 우리는 계획대로 일정을 추진했다.

그런데 일정 전날 밤, 후보에게 급한 전화가 왔다.

"어떻게 된거지? 내일 섬으로 배타고 가는게 좀 위험하다는 데.. 다시 한번 검토해봐."

후보는 이 말을 남긴 채 TV 토론장으로 향했다. 그런데 지나고보니 누군가 후보에게 "김대중 생가 방문은 보수 집토끼들의 표심을 잃을 수 있는 일"이라며 반대 문자를 보냈던 것이 화근이었다. 배를 타고 하의도까지 가셨다가 풍랑이라도 만나면 어떻게 하시냐는 요지였다. 구체적인 기상 예측에 입각한 보고는 아니었던 셈이었다.

이처럼 확인되지 않은 정보가 위로 올라가자, 나는 긴 문자를 후보에게 보냈다. 일정팀이 사전에 파악한 바에 따르면, 다음날 풍랑으로 인한 배 사고의 위험은 거의 없었다.

당장 하의도와 목포를 왕복운행하는 배는 섬 주민들이나 목포 시민들이 완행버스처럼 이용하는 배편이었다. 그리고 오랜 시간 동안 무사고 운행되고 있었다.

무엇보다 가장 큰 문제는 대선 후보의 일정이 이미 기자들에게 유포된 상태에서, 쉬이 일정을 취소할 수는 없는 노릇이었다. 대선 후보의 일거수일투족은 정치적으로 명분을 띠는 것이어야 했고, 일정을 만드는 것도 취소하는 것도 모두 메시지가 될 것이라고 판단했다. "뱃길이 위험하다"하여 일을 물리게 된다면, 애초에 기획하지 않는 편이 나았을 법도 했다. 그래서 나는 후보께 간곡히 매달렸다.

"알겠어. 진행하자구."

결과적으로 김대중 전 대통령 생가 방문 일정은 매우 잘된 이벤트로 평가받았다. 호남 곳곳을 돌았던 윤석열 후보가 머나먼 섬까지 들어가서 국민통합의 메시지를 던지는 모습을 확실히 국민의 뇌리에 각인시켰기 때문이다.

## '이거 기획한 놈 잘라라'

21년 9월 11일의 일이었다. 윤석열 후보가 치열한 선거전에 돌입하기 시작했고, 민주당 측의 네거티브도 점점 활화산처럼 커져갈 무렵이었다. 그동안 민생투어의 일환으로 방문했던 대구 일정을 소화하며 위안부 피해자인 이용수 할머니를 후보가 직접 뵈러 가는 일정이 기획되어 있었다.

방문 하루 전날 후보의 일정이 문자와 카드뉴스를 통해 공개되자, 보수 유튜버와 시민단체들 사이에서 상당한 반발이 있었다. 심지어 윤후보 본인의 핸드폰에도 '문자폭탄'이 날아들기 시작했다.

"보수 유권자들 만나기도 힘든 일정일텐데, 왜 대구까지 가면서 좌파 할머니를 만납니까!"

이용수 할머니는 정대협과 함께 위안부 피해자 집회에 수차례 참여했고, 또 민주당의 비례대표 후보로 입후보한 적도 있었다.
할머니의 사연을 잘 모르는 이들은, 막연히 '좌파아냐'라고 색깔론에 입각한 접근을 할 법 했다. 당장 일정팀장을 잘라야 한다는 건의가 빗발치기 시작했다.

엄청난 문자폭탄과 전화에 시달린 후보는 결국 자정 무렵에 내게 전화를 주셨다. "이 일정은 무슨 의도로 기획된 것이냐"는 말씀이었다.

"2030세대에게 가장 큰 관심사가 공정입니다. 그런데 위선적인 민주당이 30년에 가깝게 본인을 이용했다고 말씀하시는 이용수 할머니를 만나 공감하고 손잡아주시는 계기가 필요합니다. 가장 직접적인 공정 메시지가 될 것입니다."

결국 논란 끝에 이용수 할머니를 뵙는 일이 성사됐다. 그런데 현장에서 할머니는 윤 후보를 만나자마자 눈물을 펑펑 쏟으며 내가 말씀드렸던 내용을 그대로 이야기하셨다.

"위선 덩어리 문재인 정부를 심판해 주십시오. 민주당이 나를 30년 동안이나 이용해 먹었습니다. 윤석열 씨가 꼭 대통령이 되어서 나의 이 억울한 마음을 풀어 주십시오."

위안부 할머니들의 피해구제 활동이 사실은 특정 세력의 정치적 파이를 키우기 위한 활동이었다는 데 할머니는 분노하고 있었다. 게다가 윤미향 의원의 정대협 대표 시절 비위에 대해서도 숱한 보도를 통해 국민들에게 인지된 이후의 상황이었다.

이해찬 전 더불어민주당 대표는 정대협의 잘못된 회계처리와 재정적 만행을 꾸짖기는커녕, "내가 민주화운동할 때는 그런 서류를 다 태웠는데, 왜 남겨놨느냐"는 어처구니 없는 말을 했고, 윤 대표는 "그 자료들 모두 우리 단체의 역사라서 그랬다"는 어이없는 답을 하기도 했다.

윤 후보는 그런 정치세력에게 오랫동안 이용당해 왔던 일제강점기 피해자들의 눈물을 진짜로 닦아 주고, 피해구제 운동이 정치운동으로 이용되지 않도록 하겠다는 의지를 다진 것이었다.

## 위임과 신뢰의 힘

선거 투표가 있기 하루 전날의 기억이 난다. 우리는 승리를 확신하고는 있었지만 육체적 피로감은 한계점에 이른 상태였다. 거의 8개월 가까이 아침 6시에 출근해서 12시에 퇴근하는 일이 생활이 되다시피 했으니 실로 정신이 거의 없었다.

사생활은 당연히 없었고, 거의 캠프 사무실에서 세끼를 다 해결할 정도로 전력질주를 하던 상황이다 보니, 모두들 '투표만 끝나면 좀 쉴 수 있겠다.'는 생각으로 머릿속이 가득할 때였다.

바로 그때 일정팀이 엘리베이터 앞에서 우연히 후보를 만났다. 윤석열 후보가 이런 말씀을 하셨다.

"선거 끝나 가니까 다들 힘내!"
그러더니 다음 말씀이 더욱 기가 막혔다.

"선거 끝나면 쉴 것 같지? 더 바빠!"
그 순간 복도에서 모두의 웃음이 터졌다. 실무자들이 아무리 피곤하다고 해도, 선거 때 누구보다 입술이 마르고, 심리적으로 쫓기는 사람은 후보 본인이다. 상상할 수 없을 만큼의 중압감이 스스로의 내면을 짓누르는 상태에서도 윤 후보는 캠프 구성원들의 웃음을 유도하곤 했다. "선거 끝나면 더 바쁠 것"이라는 말씀에는 승리에 대한 확신도 숨어 있었다.

그리고 선거 당일 개표 과정은 한순간도 쉴 수 없는 긴장의 상황이었다. 출구 조사 결과 일부 방송사에서 약간 지는 결과가 나왔고, 개표하는 내내 가슴 한가운데 납덩이가 들어 앉은 듯한 기분이었다.

그런데 조금씩 격차가 줄더니 12시를 넘기자 대역전극이 벌어지기 시작한 것이다. 딱 서울시의 어느 구(區)만큼, 이재명 후보와 격차가 벌어지고 있었다.

대역전의 순간, 나는 윤석열 후보의 당선을 확신했다. 그리고 그 확신의 근거는 끝없이 나를 믿어 주었던 위임의 힘, 신뢰의 힘에서 나오는 것이라 생각했다.

개표 조사 결과, 일부 방송사에서 지는 결과가 나왔다. 모두들 크게 낙심했는데, 조금씩 격차가 줄다가 12시를 넘기면서 역전이 시작되었다. 그때 일정팀들이 만세를 부르면서 tv 화면을 배경으로 찍은 사진. 왼쪽부터 한재근 (강원도청 정무비서관),김성용(대통령실 시민사회수석실 행정관), 주헌(부속실 과장), 조지연(국정메시지 행정관),김형진(부속실 과장), 박동석(국민의힘 공보실장)

# 2장

# 대한민국호,
# 다시, 미래로

대한민국은 이제 새로운 도약을 꿈꾸고 있다. 경제, 외교, 정치, 사회 각 분야에서 낡은 구태를 털어내고 새로운 도전을 시작하고 있다. 우리는 어떻게 미래로 가는 희망의 항해를 시작할 수 있을까?

# 08
## 용산 이전의 시대정신

"공간이 의식을 지배한다." 윤석열 대통령이 당선인 신분이었던 22년 3월 말, '용산시대'를 선언하며 강조한 메시지다. 대통령은 후보 시절부터 청와대가 지도자를 구중궁궐에 은둔하는 존재로 만들기 쉽다고 생각했다.

풍광은 수려하지만, 교통은 불편한 북악산 밑에 위치해 365일 24시간을 보내다 보면, 리더의 사고와 행동 자체가 달라진다는 것이다. "소통하고 젊어지는 청와대, 언론과 친밀해지고 편한 청와대를 만들겠다"(2017.5.11.)던 문재인 정부의 청와대도 결국 나중에는 '예의'를 따지며 국민과 언론을 훈계하는 메시지를 자주 보냈다.

문재인 대통령은 취임 후 첫 기자회견을 통해 "중대한 사안은 오늘과 같이 국민 여러분께 직접 설명하겠다"고 했지만, 대통령의 이미지는 매우 전략적이고 한정적으로만 노출되었던 것이 사실이다. 측근들과 함께 양복 재킷을 벗고 환하게 웃으며 걷는 모습, 재벌 총수들과 경제를 논하며 보온병에 커피를 넣어 청와대 경내를 걷는 모습처럼 말이다.

청와대는 경내가 매우 수려하지만, 대통령의 업무공간과 언론인들이 머무르는 공간의 물리적 거리가 먼 곳이다. 또 일보다는 의식(ritual)에 더 알맞게 설계된 의례적·문화적 공간이다. 어찌 보면 대통령 이미지를 화려하게 연출하기에는 매우 좋은 곳이라고도 볼 수 있다. 대통령 부부가 기념식수를 하는 장면도 매우 탁월하게 사건화할 수 있는 곳이 청와대다.

반면에 윤석열 정부는 대통령의 신격화 자체에 매우 비판적인 입장을 갖고 있다. 30년 가까이 공직 생활을 했던 윤 대통령은 "국가원수도 최고위 관료"라는 관점을 강하게 갖고 있다. 그래서 이미지보다는 일로 승부하는 지도자가 되고 싶어 했다.

또 대통령 역시 국가 체제의 구성원인 관료로서 법적·도덕적 의무에 누구보다 민감해야 하며, 임명직이 아닌 선출직이기에 국민 앞에 무한한 설명책임을 갖고 있다고 참모들에게 늘 강조했다. 그 과정에서 대통령에 대한 대중의 환상이 허물어지고, 정권 지지율이 손해를 보는 한이 있더라도 말이다.

그러자면 대통령에 대해 왕조시대 군주와 같은 인식을 갖게 만드는 공간으로부터 떠나는 작업이 매우 중요했다. 청와대는 조선시대에는 경복궁의 일부로서 임금의 활터이자 군사 사열대 역할인 경무대(景武臺)로 불렸고, 일제 시대에는 조선총독의 관저 부지로 존재했다.

해방 이후에는 이승만 대통령부터 전두환 대통령이 거처할 때까지 수많은 정치사적 질곡을 겪었던 곳으로 '문(文)보다는 '무(武)'의 이미지가 매우 강한 곳이다. 그래서 윤 대통령은 후보 때부터 청와대를 떠나겠다고 공언했다.

촛불시민의 힘으로 들어선 문재인 정부도 "광화문 정부종합청사에서 근무하겠다"고 발표했고 풍수지리상의 이유까지 거론했던 것이 사실이지만, 결국 경호나 각종 이전비용 문제 때문에 포기했던 사실이 있음에도 불구하고 말이다.

## '광화문 대통령실' 불발 이유

그래서 대통령 당선 직후부터 광화문 정부종합청사를 대통령실 청사로 쓰는 것에 대해 여러 참모들의 전문적 검토가 이뤄 졌다. 인수위 당선인비서실장을 지낸 장제원 의원은 정부서울청사로의 이전을 강력하게 지지했다. 대통령이 대선 당시 공언했던 내용을 그대로 실현한다는 의미가 담겨 있고, 이미 총리실과 국무회의실, 기자실, 공무원들의 업무공간 등이 완비되어 있는 곳이기 때문이다. 게다가 일련의 업무공간들이 한 건물에 구현되어 있기 때문에 지난날의 청와대보다 훨씬 효율과 실질을 중시한다는 의미를 부각시키기에도 광화문 청사는 시의적절한 면을 갖추고 있었다.

하지만 광화문 대통령실안은 한계점도 지니고 있었다. 우선 내구성 면에서는 더할 나위 없지만, 1970년에 완공된 건물이라 방음 측면에서 매우 취약했다. 정부종합청사 내에 위치한 여러 부처들이 저마다의 목적에 맞게 공간을 재배치해 쓰면서도 늘 고민하는 것이 방음과 보안 문제였다. 옆방의 회의 내용이나 통화 내용이 심심치 않게 들린다는 근무자들의 경험담을 절대 무시할 수 없었다.

국가 최고위 의사결정자의 근무처에서는 실무 부처와 비교할 수 없을 만큼 철통 보안을 필요로 하는 정보들이 많고, 때에 따라서는 같은 조직 안에서도 칸막이를 쳐야 하는 경우가 많다. 그런데 정부종합청사는 말 그대로 '종합'에 의미를 둔 곳이라 보안성 측면에서는 약점을 갖고 있는 것이 사실이었다.

게다가 정부종합청사 또한 지난 50여 년 간 현대 정치사의 질곡을 온몸으로 겪어 온 공간임을 부정할 수 없는 곳이다. 여러 부처의 장관들이 차량에서 하차한 뒤 메인 로비에 들어서면 가장 먼저 보이는 것이 박정희 전 대통령의 석조(石彫) 휘호다.

"우리의 후손들이 오늘에 사는 우리 세대가 그들을 위해 무엇을 했고"라는 말로 시작하는 문구다.

개발시대 당시 대통령이 일선 공무원들에게 성실한 복무를 강조하며 내린 이 말은 오늘날에도 공명하는 바가 있지만, 새로운 시대의 지도자가 일하는 곳에서 계속 공유해야 하는 핵심 이미지인지에 대해서는 의문이 제기될 수밖에 없는 것이 사실이다.

그리고 대통령실 청사는 업무의 효율성도 중요하지만 외국 정상 방문, 국빈 초청 행사와 같은 의례적 기능도 함께 갖춘 공간이어야만 한다. 따라서 건물뿐만 아니라 뜰의 역할이 매우 중요하다.

그런데 정부종합청사는 건물의 전면(前面)이 주차장이고, 인접한 세종로와 완충지대에 약간의 공간만 존재하고 있다. 또 다른 찻길 사이에 통로로 연결되는 곳은 별관 건물의 외교부다. 여러모로 공간의 여유를 충분히 누릴 수 없는 안타까운 상황이었다.

## 4대문을 떠나다

대통령실 이전 논의 과정에서 흔들릴 수 없는 대전제는 "어찌 되었든, 과거의 청와대로는 돌아가지 않는다"는 것이었다. 청와 대 내부의 국가위기관리센터, 영빈관과 같은 건물의 국가적 효용이 충분한 것이 사실이었지만, 그렇다고 해서 대통령실 청사를 이동하는 데 걸림돌로 작용할 수는 없었다.

당장 가장 합리적이고 타당한 것으로 느껴지는 정부종합청사 이전 카드를 쓸수 없게 되자, 당선자와 인수위는 매우 깊은 고민에 빠질 수밖에 없었다.

그 와중에 청와대 이전 태스크포스(TF)의 팀장인 윤한홍 의원과 김용현 부팀장(이후 대통령 경호처장)이 새로운 아이디어를 제시했다. 용산 국방부 신관으로 대통령실 청사를 옮기고, 미군 기지의 평택 이전이 완료된 후에는 용산 기지부지를 대통령실과 결부지어 창의적으로 활용하자는 제안이었다.

국방부 신관이기에 1개 건물 내에 대통령집무실과 비서실·안보실 근무자들 그리고 기자들이 함께 입주할 수 있다는 점은 매우 큰 강점이었다.

그리고 신관 앞의 운동장을 각종 야외행사공간으로 쓸 수 있다는 점, 군사보호시설이기에 보안과 경호 문제도 충분히 감당할 수 있다는 것도 이점이었다. 게다가 인근 공간에 미군이 주둔하고 있어 유사시를 대비하기에도 효율적인 면이 있었다.

물론 "무(武)의 공간에서 나와 또다른 무(武)의 공간으로 들어가느냐"는 비판도 있었다. 국방부와 합동참모본부가 다른 공간으로 이동하고, 또 군(軍) 관련 기관들이 연쇄이동 하는 과정에서 안보 공백이 초래된다는 지적을 하는 정치인들도 있었다.

집무공간 이전 과정에서 발생하는 각종 비용을 낭비 내지는 비효율로 비화시키는 프레임이 당선인의 브리핑 당일까지 언론지면을 도배했다. "용산으로 대통령실을 옮기는 게 과연 소통이나 민생과 얼마나 관계있겠느냐"는 주장이었다.

분명히 사대문 안을 대통령이 일부러 떠나는 모습을 보여주는 것은 모험이자 도전이었다. 하지만 과감한 결정이 없으면, 새 역사를 만들기도 어렵다는 것이 윤석열 대통령의 생각이었다. 경복궁 뒤의 청와대나 광화문 정부종합청사나 결국에는 조선시대에 만들어진 한양성(城) 안에 위치한 공간이다.

동양의 역사를 통틀어 보면 여러 왕조의 수도는 북쪽의 왕궁을 중심으로 남쪽에 신하와 백성들의 입주공간이 펼쳐지는 '수직도시' 모델을 취했다. 왕이 구중궁궐에서 남쪽을 바라다보는 위치에 임하면, 주작대로(朱雀大路)를 중심으로 관아와 민가, 시장 등이 넓게 펼쳐지며 피지배자들의 공간이 전개되는 방식이다.

수직도시 모델은 바둑판형 도시 모델이라고도 불린다. 이미 물리적 배치 안에 권력과 계층에 대한 인식이 포함되어 있다. 중국 당나라의 장안에서 시작해 오늘날의 중국 수도인 북경, 조선 왕조 시대의 한양, 일본 고대 이후의 교토·나라와 같은 도시들이 대표적이다.

반면에 서양의 도시는 광장이나 포럼 형태의 원형 도시 모델을 갖고 있다. 영국 런던, 프랑스 파리와 같은 도시는 중앙의 관청을 중심으로 방사형으로 도시 공간이 배치되는 경향을 보인다. 상징적 의미에 있어서도 동양의 도시보다 훨씬 민주적이다. 문제 해결을 필요로 하는 국민들이 중심부에 몰려들어 주권의 대리인에게 무엇인가를 요구하는 모습이다. 이탈리아의 로마, 그리스의 아테네도 원형 도시의 형상을 취하고 있다.

대통령실이 사대문 밖을 나가면 수직도시의 은둔처에 위치한 집무공간이 원형도시의 중심에 놓이는 형태로 바뀌게 된다. 또 용산 국방부 자리는 KTX 용산역과도 지리적으로 가까운 곳에 위치해 있다.

세종의 중앙부처와 광역지자체 관계자들이 대통령실을 방문하기에도 수월한 조건에 있는 것이다. 왕조 시대의 잔향이 남아 있는 권위와 모순의 공간에서 일 중심의 실용적 공간으로 대통령이 이동하는 것은 매우 뜻깊은 것이다.


## 전례없는 전(前) 정권의 반대

하지만 대통령실 용산 이전은 전례없는 전(前) 정권의 반대에 직면하며 어려운 상황에 직면했다. 22년 4월 29일, 문재인 대통령은 국민청원에 답하는 방식으로 대통령실 용산 이전에 대한 본인의 부정적 의견을 피력했다. "많은 비용을 들여 광화문이 아닌 다른 곳으로 꼭 이전해야 하는지, 이전한다 해도 국방부 청사가 가장 적절한 곳인지 의문"이라는 것이었다.

그리고 "청와대가 구중궁궐이라는 말을 들었던 때도 있지만, 전체적으로 계속해서 개방이 확대되고 열린 청와대로 나아가는 역사"였다고 강조했다. 엄밀히 말해 문재인 대통령의 용산 이전 반대론은 대통령실 청사가 이동하는 것 자체에 대한 구체적 반론이었다기보다는, 청와대 공간에 대한 비판적 인식이 곧 문재인 정권의 부정으로 연결된다는 관점을 골간으로 한 것이었다.

비슷한 상황이 노무현 정부에서 이명박 정부로 넘어가는 상황에도 있었다. 새 정부가 정부조직 개편안을 내놓고 빠른 집행을 위해 국회 통과와 시행을 요청하는 국면이었다. 하지만 새정부 출범을 한달 여 앞둔 2008년 1월 28일 당시 노무현 대통령은 거부권 행사까지 시사하며 "참여정부 핵심 가치를 부정하는 정부조직 개편을 받아들일 수 없다"고 했다.

물론 이명박 대통령이 취임하기 5일 전인 2008년 2월 20일경에 정부조직법을 포함한 45개 법안의 개정을 노 대통령이 받아들이긴 했지만, 두 정권 사이에는 마음의 상처가 확연해졌다.

만약 용산 이전을 문재인 정부가 부인하지 않고 오히려 격려해주는 형태로 문제가 봉합되었으면 이후의 정치상황이 어떻게 전개됐을까. 윤석열 대통령이 퇴임 후 유일하게 공개적으로 소통하지 못했던 전직 대통령이 문재인 전 대통령이다. 여러 모로 큰 아쉬움이 남는 대목이다.

## 녹지민주주의의 가능성

용산 대통령실 이전은 여러 모로 진통이 큰 사안이었다. 지금도 야당뿐만 아니라 여당 내 일부 정치인들이 "용산으로 왜 갔냐"고 이야기하는 경우가 있다. 하지만 중·장기적으로 보면, 용산 이전은 역사적으로도 매우 높게 평가받을만한 변화라고 본다.

특히 오랜 국가적 숙원사업인 용산공원 건립 때문에라도 말이다. 노무현 정권 시절부터 '용산민족공원법'을 통해 꾸준히 필요성이 제기되었지만, 미군기지 이전 문제 때문에 답보상태에 놓여 있었던 것이 사실이다.

도시건축·디자인 전문가인 권영걸 국가건축정책위원장은 "대통령실을 둘러싼 용산공원 건축은 용산을 글로벌 허브로 만들 수 있는 절호의 기회"라고 이야기한다.

여의도 규모와 맞먹는 2.43제곱킬러미터 상당의 부지에 뉴욕 센트럴파크, 런던 하이드파크 수준의 도심내 공원이 들어서면 그 자체로 큰 관광자원이자 국민의 행복과 정신건강을 위한 치유자원이라는 것이다.

특히 산업화와 민주화 이후에도 계속해서 바쁘게만 살아왔던 한국인들과 한국을 방문하는 이들에게 새로운 경험을 선사할 수 있는 공간이 용산공원이라는 논리다.

길에서 우연히 만난 대통령 할아버지한테 용돈을 받고 좋아하는 세 딸들

# 09
## 만5세 취학 논란의 전선

윤석열 정부가 집권하자마자 강력한 집단적 반대에 직면한 첫 번째 사안이 '만 5세 취학' 이슈다. 교육부가 "2025년부터 모든 아이가 1년 일찍 초등학교에 진학하도록 하겠다"고 밝히자, 수많은 교육단체와 유치원·어린이집 관계자, 그리고 학부모 단체가 들고 일어났다. 만 5세면 통념적인 한국나이로 7세다. 반대론을 외치는 이들 대부분은 "정부의 취학연령 조정안은 아동의 발달단계를 무시한 처사"라고 주장했다.

아이들 상당수가 학교 수업에 집중할 수 없을 만큼 집중력이 약한데다가, 생리현상을 조절하지 못하는 경우도 많다는 주장까지 나왔다. 학교에 너무 많은 아이들이 한꺼번에 입학해 교육시설 과밀화 문제도 초래될 것이라는 시나리오도 제기됐다.

그런데 만5세 취학 정책은 윤석열 정부에서만 검토된 사안이 아니다. 2009년 이명박 정부 당시 미래기획위원회와 육아정책연구소는 저출산 대응책으로 '취학연령 1년 단축' 방안을 공론화하기도 했다. 만약 기존의 만6세(8세) 입학보다 1년 먼저 아동의 초등학교 입학을 추진할 경우, 사교육비는 6.8%(연 2,675만원→연 2,494만원) 낮춰진다는 분석결과도 덧붙여졌다.

또 여성들이 아이를 학교에 보내고 나면 취업률이 증가되는 경향을 보인다는 점도 만5세 취학의 장점으로 거론됐다. 아이들의 빠른 학교 진학은 여성들의 일할 권리를 제고하는 측면도 분명히 있는 것이다.[1]

물론 역대 정권마다 교육부 관료들은 "학제개편에 신중해야 한다"는 입장이었다. 당장 초중고교육의 종착지라고 할 수 있는 대입시험의 형식과 내용도 바꿔야 할 수 있기 때문이다. 또 1년 먼저 학교에 입학한 아이들의 인지수준에 맞게 교육내용과 교육과정을 개편하는 것도 큰 과제다.

또 당장 유·보육 기관들이 재정적으로 손해를 볼 우려가 있다는 점도 교육부가 변화에 소극적인 이유다. 그런데 모든 변화와

---

[1] 서울신문 2015.10.21

혁신에는 나름의 리스크가 있고, 당장 감수해야 하는 비용과 불이익이 있는 법이다.

그러나 장기적으로 우리 사회와 후속세대가 더 잘 살 수 있는 길이라면 정책에 대한 심도 있는 토론과 분석을 통해 합의점을 도출해 가는 것이 선진국다운 모습이다.


## 아마추어·불통정부론(論)

그러나 야당과 일부 언론의 입장에서는 윤석열 정부에 대해서 만큼은 남다른 잣대를 적용할 수밖에 없었던 모양이다. 만5세 취학이 처음 거론될 당시 윤석열 대통령은 박순애 교육부총리에게 "공론화를 준비하라"고 지시했다. 문재인 정부도 임기 초에 논쟁이 될 만한 정책적 변화를 앞두고 국민 공론화 절차를 추진한 적이 있다. 2017년 6월 발표된 '신고리 5·6호기 원전 공론화' 사업이 그것이다.

당시 상당수 국민은 탈(脫)원전 문제에 대해 상당히 비판적이었다. 그러나 '재생에너지로의 전환'을 핵심 방향으로 설정한 문재인 정부 입장에서는 시간을 갖고 국민들을 설득할 만한 장치가 필요했다. 그래서 약 5개월간 공론화위원회를 가동하며 매주

전체회의를 열고, 전화조사·시민참여단조사·합숙토론회 같은 절차를 거쳤다.

하지만 거야(巨野)는 윤석열 정부에 문재인 정부와 동일한 잣대를 적용하지 않았다. 거의 군사작전에 가깝게 상대방에 맹공을 가하고, 유리한 진지를 점령하고 나면 모든 세력이 합세해 총공세를 퍼붓는 방식으로 성과를 내려 했다.

야당 국회의원이 만5세 취학을 반대하는 시민단체 토론회에 직접 참석해 "국민의 97.9%가 반대하는 사안이므로 대통령의 직접 사과가 필요하다"고 세게 몰아붙였다. 야당의 원내대표는 전국민패싱·아마추어불통정부·졸속행정이라는 딱지를 붙여 가며 박순애 교육부장관의 사직을 요구하기까지 했다.

결국 논란이 발생한지 약 일주일만에 박 장관이 사퇴했다. 윤석열 정부에 주어진 약 7일의 시간은, 문재인 정부에 주어진 5개월의 시간보다 훨씬 파괴력이 컸고 휘발성도 강했다. 윤 대통령 취임 100일만에 더불어민주당은 정부·여당을 어떻게 상대해야 할지 대략 감을 잡은 것이다.

야당이 정부·여당과 정책경쟁을 하기보다는 네거티브와 각종 의혹제기로 정치적 세를 형성해 공격하고, 지지율을 떨어뜨리는 데 집중하기로 한 셈이다. 거대 야당의 지속적인 공격으로 교육부 장관이 사퇴하기까지 한 사안은 야권 지지자들의 정치적 효능감을 끌어올리기에도 충분했다.

이런 방식의 접근법은 이후 더불어민주당이 걸핏하면 장관 탄핵·검사 탄핵, 그리고 대통령 탄핵까지 거론하게 만든 모티브가 되었다고 본다.

## 공포 마케팅의 효과

더불어민주당이 만5세 취학 개편을 무산시키면서 알차게 활용한 또 다른 전술은 공포마케팅이다. 윤석열 정부가 추진하는 정책이 국민 개개인에게 어떤 종류의 피해를 줄 것이라는 심리적 교란 전략을 쓴 것이다.

우선 사교육을 줄이자고 발표된 정책의 취지를 완전히 오염시키는 여론전 기법이 구사됐다. 민주당과 정치적 입장이 유사한 교육시민단체인 사교육걱정없는세상은 "입시경쟁구조가 공고한 상황에서 입학연령을 낮추면 영유아들의 조기인지 교육만 부추긴다"는 입장을 내놨다. 공공기관의 연구 결과를 정치적으로 이용하는 방법도 사용됐다.

〈시사인〉은 2021년 발표된 육아정책연구소의 연구보고서를 인용하며 "초등학교에 입학하며 사교육 이용시간은 2.5배, 지출비용은 2.1배 증가하는 것으로 드러났다"고 주장했다. 출산률 1.7대였던 2007년의 예측을 출산률이 0.6 수준에 육박하는 2022년에 적용하는 해프닝도 벌어졌다.

노무현 정부 때였던 2007년 한국교육개발원은 만 5세와 만6세가 동시에 취학하는 연령 개편이 이뤄질 경우 12년에 걸쳐 학교·학급 신설 등으로 32조원이나 들 것이라고 추정했다. 이 예측을 취학연령 인하 반대론의 주된 근거로 활용됐다.

초등학교 조기 취학 후 바뀌게 될 교육과정이나 교육내용, 저출산과 인구 감소가 현실화된 오늘날의 상황과 맥락에 대해서는 고려하지 않은 채, 과거 학교를 대상으로 한 연구를 미래 예측에 적용한 것이다.[2]

하지만 대부분의 국민들은 당장 내아이가 직면하게 될 피해를 우려해 잘못된 예측에도 매우 민감하게 반응할 수밖에 없는 것이 사실이다. 민주당과 진보진영은 이처럼 취약한 여론 유통과 확산의 구조를 아주 전략적으로 활용했다.

---

2  시사인 2022.8.15

"만 5세면 똥·오줌도 못가릴 나이인데 어떻게 초등학교에 가나요"

만5세 취학 논란 당시 SNS에 범람하던 내용 중 아주 인상깊게 봤던 문구다. 재미있게도 결혼을 하지 않았거나, 아이가 없는 부부들이 이 주장에 상당히 공감하고 있었다.

정보와 콘텐츠가 매우 제한적이었던 과거와 달리, 디지털 기기가 보편적으로 확산된 오늘날에는 아이들의 인지 수준이나 지식 습득 능력이 매우 빨라진 것이 사실이다.

특히 초등학교 6학년의 경우 사실상 중학생 연령대의 발달 단계와 비슷하다고 주장하는 연구자들도 있다. 조기 사교육은 초등학교 취학 여부와 관련 없이 '선행학습'이라는 미명 하에 매우 만연해져 있다. 2000년대 초반까지만 해도 중학교부터 공식 영어 수업을 했지만, 지금은 초등학교 3학년부터 영어 교과서로 수업을 하고, 당장 유치원 시절부터 영어 공부를 시작하는 것이 현실이다.

이런 질적 변화를 고려하지 않고 무작정 "만 5세 취학은 아이·학부모·교사 모두에게 부담을 키우는 하책(下策)이 될 것"이라고 비판하는 것이 민주당과 진보 언론의 현실이었다.

물론 충분한 반박 내용으로 활용할 만한 자료도 있었다. 출생아가 모두 초등학교에 들어간다고 전제하고 취학연령을 조정할 경우 연간 입학생은 2025년에 5만 명이 늘어난 40만 명 가량 되지만, 2026년은 36만 명, 2027년은 33만 명대로 줄어든다는 예측이다. 해마다 출생하는 아이 숫자가 줄어들고 있는 현실 때문이다. [3] 하지만 이 예측은 국민에게 널리 확산되지는 못했다.

3   조선일보 2022.7.30

## 세금과 복지는 정치

과정과 절차적 정당성에 대한 평가는 차치하더라도, '만5세 취학 개편'은 결국 정부와 여당의 패배로 끝났다. 어쩌면 "세금과 복지는 정치 문제"라는 사실을 외면하고 날것의 정책을 그대로 현장에 발표하면서 빚어진 문제일지도 모른다. 저출산·고령화의 심각성은 모두가 동의하지만, 그로 인해 개개인이 직면하게 될 위험과 피해를 예측하기는 매우 어려운 것이 사실이다.

반면에 취학 연령 인하와 학제 개편으로 인해 과밀학급 이슈가 발생하고 경쟁이 치열해져 아이가 입게 될 손해와 심리적 부담에 대한 이야기는 매우 구체적이고 현실적이라는 인상을 준다. 실제와 거리가 멀더라도 말이다.

세금과 복지가 정치 문제라는 이야기는 돌려 말하면 "정책의 효과와 확산을 위해서는 홍보와 스토리텔링이 중요하다"는 요지로 풀어낼 수 있다. 설계자가 의도한 것과 다른 방향으로 받아들여질 수 있는 정책 프로그램의 경우에는 내용뿐만 아니라 그것을 어떻게 포장하고 의미부여를 할지 철저한 사전 계획이 필요하다.

만약 특정 이해관계자 집단이나 계층, 지역으로부터 충분한 반대가 예상되는 사안이라면, 누가 집중적으로 욕을 먹고 누가 정책 발표와 실행의 과실을 거둘지에 대해서도 대비책이 있어야만 한다. 윤석열 정부 초기 대통령실의 비서관이었던 내가 가장 깊게 반성하게 되는 대목은, 많은 정책들을 실행함에 있어 충분한 '버퍼'(buffer)를 마련해두지 못하고 대통령이 모든 욕을 다 먹어야 했다는 점이다.

# 10
## 거야(巨野) 시대의 숙명

윤석열 정부는 지금껏 우리가 겪어보지 못했던 수준의 '여소야대' 상황에 직면한 정권이다. 첫 번째 여소야대 정국에 직면한 노태우 정부는 여당인 민주정의당이 125석, 야당의 경우 평화민주당 70석, 통일민주당 59석, 신민주공화당 35석으로 포진돼 상당한 열세에 놓여 있었다.

하지만 신민주공화당과 통일민주당은 민정당과 이념적으로 공유하는 요소도 꽤 있었고, 노태우 대통령이 두 야당을 자주 접촉하면서 나중에는 3당 합당까지 가능한 분위기가 만들어졌다.

6.29 민주화선언·88올림픽 국면에 들어선 정권인 만큼 군인 출신 대통령과 정부에 대한 국민적 저항감도 적지 않았음에도

불구하고, 'OO탄핵'과 같은 마법은 논의되지도 않았다. 김대중 정부도 여당인 국민회의가 DJ 주도로 만들어진 신당이었기에, 자체 의석수는 79석에 불과한 상황이었다.

우당(友黨)인 자민련이 50석 규모의 대형 제3지대 정당이었음에도 불구하고, 양당 의석수를 합쳐 1당인 한나라당의 154석에 대항하는 것은 불가능한 상황이었다. 2000년 총선이 끝나고 나서도 여소야대의 형식은 바뀌지 않았다.

한나라당은 133석으로 의석 수가 줄어들었지만 여전히 1당이었고, 국민회의는 115석, 자민련은 17석 규모로 변동이 있었으나 여전히 양당 의석을 합쳐도 과반(선출의석 273석, 과반 137석)에 못 미쳤다. 이토록 힘든 상황이었지만 거대 야당이 정부와 대치하는 상황에서 결정적인 선을 넘지는 않았다.

또 모든 사안마다 일일이 법적인 조건에 골몰하기보다는, 때에 따라서는 정치적 타협을 통해 여·야가 국면 전환을 하는 경우도 적지 않았다.

예를 들어 97년 말 대통령에 당선된 김대중 당선자가 IMF 권고안을 실천하기 위해 통합금융감독기구를 재정경제원이 아닌 총리실 산하에 두도록 하는 법안을 제안한 적이 있었다.

이것은 대선 전 여야 합의사항과도 다른 측면이 있었지만, 국

난인 외환위기를 돌파해야 한다는 총의 아래 여야간 극적 타결
이 이뤄졌다.[4]

그 외에도 새로운 정부조직을 둘러싸고 여야간 이견이 적지
않았지만, 대타협의 원칙은 변함이 없었다. 당시 김수한 국회의
장은 "여러가지 절충을 인내와 이해 속에서 진행시켰다"고 여·
야 합의의 기조를 설명했다.[5] 싸울 때는 싸우지만, 정말 처리가
절실한 사안에 대해서는 상호 합의를 통해 어떻게든 결론을 본
다는 조정 매커니즘이 있었던 것이다.

하지만 그로부터 30년이 지난 오늘날 정치 상황은 훨씬 각박
하고 첨예해졌다. 일단 거대 야당의 국회의원들은 대통령과 여
당이 추진하고자 하는 사안을 누가 더 강력히 반대하느냐를 잣
대로 두고 당성(黨性) 경쟁을 한다. 당연히 여당 내에서도 야당
의 가시돋친 언어에 반감을 품는 정치인들이 나와 서로 간의 싸
움은 더욱 격렬해 진다. 자연히 국회는 합의가 아니라 힘겨루기
가 지배하는 공간이 된다.

거대 야당이 주도해 정부의 예산 편성을 완전히 무시한 새로
운 내용을 기습 통과시키기도 하고, 법안의 경우에도 대통령과

---

4   중앙일보 1997.12.30

5   MBC뉴스데스크 1998.2.16

정부가 도저히 받아들이기 힘든 내용을 중심으로 구성된 것을 개혁입법이라는 미명 하에 과감하게 추진한다.

그리고 대통령이 다수당의 권력행사를 견제하기 위해 거부권이라도 발동시키려 하면, '불통 정권'이라는 꼬리표를 붙인다. 그리고 야당의 태도보다는 대통령과 집권당의 강경한 자세에 더 주목하는 언론이 같은 평가를 더욱 강화시킨다.

자연히 소수 여당 내에서는 "우리도 언제까지 당하고만 있어야 하느냐." "정권이 교체되었는데 왜 민주당 눈치만 보고 있어야 하나."와 같은 논리를 펴는 강경파들이 더욱 주목받게 된다.

## '김치찌개·소주 회동'이 좌절된 사연

윤석열 대통령은 집권한지 일주일 만에 야당 지도부에 김치찌개·소주 회동을 갖자고 제안했다. 선거 당시에 "민주당에도 좋은 정치인들이 많다"고 밝힌 바 있었고, 굵직한 쟁점들을 여·야 간 합의를 통해 풀어 나가는 시대를 열어보고자 하는 의지도 강했다.

또 대통령의 소탈하고 격의없는 소통 스타일이 차가운 대치 정국을 슬기롭게 돌파해 나가는 원동력이 되지 않을까 하는 참모들의 기대도 컸다. 22년 5월 초부터 꾸준히 야당에 제안된

'만찬회동' 의지가 받아들여져, 조금이라도 여·야가 토론과 합의를 통해 앞으로 나아가는 모습을 열 수 있으면 다행이라는 전망을 하는 이들도 많았다.

하지만 당시 민주당 지도부는 "일정이 안맞는다"는 이유로 대통령과의 만찬을 거부하더니, 나중에는 "그런 제안이 없었다"는 언론플레이까지 가미했다. [6]

"대통령실과 여당이 우선시해야 할 것은 '보여주기식 회동'이 아닌 인사참사에 대한 대통령의 사과와 결단이다."

마치 거대 야당이 갓 집권한 대통령을 가르치는 듯한 뉘앙스를 풍기며, 만찬회동은 매우 우악스러운 방식으로 무산됐다. 어쩌면 윤석열표 협치에 이끌려 가면 민주당의 대여 투쟁 전선이 무기력해질 수도 있겠다는 계산에서 나온 선택은 아니었을까.

소수 야당인 정의당이 만찬에 참석하겠다는 의사를 피력하기까지 했지만, 민주당의 철통과 같은 방어적 태세는 시간이 지나도 조금도 변하지 않았다.

하지만 윤석열 대통령은 계속해서 다양한 방식으로 야권과의

---

6  이데일리 2022.5.16

대화를 시도했다. 집권 100일을 넘긴 22년 8월 19일 야당 출신이 많은 국회의장단을 용산 대통령실에 초대해 "민생에 여야가 힘을 합치자"는 메시지를 냈다. 2030 부산엑스포가 "윤석열 정부의 실적이 아니라 초당(超黨)적인 성취가 됐으면 좋겠다"고도 했다.

엑스포 유치회의를 열 때에도 여야의원들을 함께 모시겠다고 제안했다. 김진표 국회의장은 독일 연방의회 사례를 거론하며 교섭단체 중진 모임에 해당하는 원로협의회가 이견이 있는 현안들을 토의하고 조정하면, 나머지 여야 의원들이 따라가는 합의의 관행을 성공사례로 꼽았다.

따지고 보면, 윤석열 대통령이 탈(脫)이념적 행보에 대해 아예 의지를 발휘하지 않았다는 언론과 야당의 규정은 사실과 거리가 멀다. 나름대로 집권 초기부터 대화를 시도했지만, 야당 지도부의 전술적 판단으로 거부되었다는 것이 오히려 사실에 가깝다.


## 이재명 민주당 탄생과 빗발치는 탄핵론(論)

22년 8월 말 이재명 의원이 민주당 전당대회에서 당대표로 선출되며 여·야간 협치는 더욱 어려워 졌다. 아마도 민주당 입장에서는 대선 패배 이후 그 전과 차별화된 지도자를 선출하기보다는, 불과 0.73% 표차밖에 나지 않은 대선 결과를 바탕으로 '이재명 재도전'의 분위기를 만들어가는 데 골몰하는 것으로 비쳤다.

당대표가 직면한 사법 리스크를 강경한 정치적 대응으로 돌파하고자 하는 생각도 있었을 것이다. YS·DJ 시절과 같은 큰정치는 사라지고, 여야간에 서로 꼬투리를 잡으며 진흙탕 싸움을 하는 못난정치만 남았다.

21대 국회를 최악의 국회로 만들 수밖에 없는 행위가 22년 말부터 본격화되기도 했다. 이태원 참사의 책임을 이상민 행정안전부 장관에게 고스란히 전가하는 형태로 장관 탄핵 소추안을 국회에서 통과시킨 것이다.

이태원 참사에 대한 직접적 책임을 지고 법적 판단을 기다리고 있는 공직자들이 따로 있음에도 불구하고, '대통령의 복심'인 행안부 장관이 나름의 정치적 책임을 져야 한다는 정서법이 무리한 탄핵 가결로 이어졌다.

결국 2023년 2월 장관 탄핵이라는 초유의 사태가 벌어지며 정부·여당과 야당은 서로의 심리적 한계치를 넘어서고 말았다. 합리적으로 문제를 풀어가기보다는 당장 상대와 격렬하게 싸우는 것이 지지자에게 효능감을 준다고 믿는 포퓰리즘 정치인들이 크게 한몫 했다.

"첫 번째가 어렵지, 두 번째는 쉽다"고 여기던 야당 내 강경파들은 방송통신위원장을 비롯한 장관급 공무원 탄핵, 검사 탄핵과 같은 이슈들을 자극적으로 거론하기 시작했다.

이재명 대표에게 매우 비판적인 비명계 정치인들도 윤석열 정부의 공직자 탄핵에 대해서만큼은 찬성하는 기이한 풍경도 연출됐다. 하기사 21대 국회는 문재인 정권 시절이던 21년 2월 임성근 판사를 탄핵했다가 헌법재판소에서 각하되는 경험을 이미 했었다.

이제 진보·야권에서 팬덤 정치를 한다고 평가받는 사람들 대부분은 윤석열 대통령에 대한 탄핵까지 거론하기 시작했다. 민주당 주도로 윤석열 대통령 탄핵안을 총선 전 발의한 다음, 탄핵에 찬성하는 세력들끼리 선거연대를 통해 국회를 장악한 후 실행으로 옮기자는 주장까지 나왔다. "윤석열 정부 최대의 가해자가 되고 싶다. 사람이 태어나서 원수를 만났는데 용서는 없는 것"이라는 민주당 전직 의원의 말은 많은 것을 시사한다. 최대한 윤정부에 복수하겠다는 것이다.


## 탄핵론에 대처하는 자세

2016년 박근혜 전 대통령 탄핵 사건으로 인해 민주당에서는 탄핵을 정권교체의 '치트키'인 것처럼 여기는 버릇이 생겼다. 민주연구원 부원장을 지낸 최병천 신성장경제연구소장에 따르면 민주당은 큰 선거를 치를 때마다 '포지티브' 전략으로 선거판의 흐름을 바꾸기보다는, 상대가 실수하고 넘어지기를 기다리는 경향이 강했다. 그리고 상대가 실패할 때까지 아무런 미동도 하지 않다가 아예 선거 자체를 망치는 경우도 많았는데, 대표적인 사례가 2008년 총선과 2012년 총선이었다.

각각의 선거들은 한나라당과 새누리당이 괄목할 만한 대승을 거둔 사건으로, 보수 정당이 다시 맛보기 힘들 수도 있는, 엄청난 쾌거이기도 하다. 이재명 사법리스크로 인한 당내 분열, 권력층인 86세대에 대한 피로감과 같이 내부 위기 요소들이 도사리고 있는 민주당 입장에서는 윤석열 정부에 대한 탄핵만큼 매력적인 카드도 없는 상황이다. 비주류와 주류가 뭉칠 수 있는 카드이고, 따라서 비주류가 공천 방식에 불만을 갖고 선제 탈당할 수 있는 가능성을 봉쇄할 수 있는 카드이기도 하다.

이재명 당대표는 문재인 전 대통령처럼 탄핵 대선으로 집권할 계획을 차근차근 세울지도 모른다. 자신이 갖고 있는 법적 이슈를 대중이 망각한 채 큰 프레임으로 선거를 치를 수 있는 기회이기 때문이다.

탄핵은 민주주의 헌법이 보장하고 있는 권력 구조의 현상 변경 방식이다. 하지만 탄핵은 헌정을 중단시키는 일이면서 그만큼 국가가 손해를 볼 수밖에 없게 만드는 행위다. 이상민 행정안전부 장관이 탄핵을 당한 뒤 복귀하기까지 거의 반년 가까운 세월이 걸렸던 것을 상기해 보면, 탄핵의 사회적 비용은 매우 큰 것이다.

관료들은 자신들의 수장이 돌아오거나, 새로 올때까지 사실상 휴업 상태로 들어가고, 공무원들을 통해 서비스를 받아야 하는 국민들은 정부기관의 느릿느릿한 일처리 속도 내지는 미루기 관행 때문에 피해를 보게 마련이다. 그럼에도 불구하고 '기승전 탄핵' 방식으로 논리를 풀어가는 민주당의 모습은 정략적이라고밖에 표현할 길이 없다.

탄핵발의권을 남용하려는 거야 세력의 행태에 맞서는 가장 좋은 방법은, 그들이 탄핵을 통해 무엇을 달성하고자 하는지에 대해 꾸준히 국민에게 알리는 것이다. 또 2016년 대통령 탄핵의 초점과 지금 운위되는 탄핵론의 초점이 실상은 매우 다르다는 점도 적극적으로 알릴 필요가 있다.

과거에는 박근혜 전 대통령이 지닌 전통적 권위(박정희 전 대통령의 딸이라는), 최순실이라는 존재의 의외성, 정부에 대한 구조적 불신, 계층화와 인간소외에 대한 분노를 품은 군중의 에너지 등이 결합되어 탄핵이 일종의 사회·문화적 동력처럼 작용했던 것이 사실이다.

또 촛불시위 초기에는 '탄핵'보다도 '하야하라'는 문구가 훨씬 자주 나왔고, 그만큼 대중들의 입장에서 현직 대통령이 정말 탄핵될 것이라고 상상하기는 힘든 것이었다. 돌려 말하면, 박근혜 탄핵론은 당시 야권 세력이 느리지만 묵직한 변화를 전개하는 방식으로 서서히 강도를 높여가는 캠페인이었던 것이다.

반면에 '윤석열 정부 탄핵론'은 시작부터가 매우 정치적인 의도를 깔고 있고, 대중들의 광범위한 지지도 얻기 힘든 것이 사실이다. 이재명과 민주당 세력이 갖고 있는 상당한 도덕적·법적 결함을 국민들이 이미 주지하고 있기 때문이다.

또 탄핵 분위기를 사회 저변에서 이끌고 갈 만한 총괄기획자나 오피니언 리더의 모습도 좀처럼 보이지 않는다. 이재명 지도부 탄생 이후 민주·진보진영 내 주류 인맥이 매우 협소하게 쪼그라들었기 때문에 생긴 현상으로 보인다.

따라서 윤석열 정부의 통치 기능을 마비시킬 수도 있는 탄핵에 진심으로 동조할 만한 사람들이 많지 않다는 점을 염두에 두고, 헌정중단론자들의 허구성을 낱낱이 밝힐 필요가 있다.

## 국민과 직접 소통하는 채널 구축해야

거야 세력의 정치적 폭주에 대응하는 또 다른 방법은 국민과 정부가 직접 소통하고 문제를 함께 해결하는 채널을 구축하는 것이다. 진보 좌파들이 자주 사용하는 '직접민주주의' 화법을 보수정권이 전략적으로 들고 와서 적극 활용하자는 이야기다. 3년 전 출간한 '젊어라 보수야'라는 책에서 나는 우파 정당이 주민자치라는 제도를 잘 활용할 필요가 있다고 주장했다.

국회 권력은 물론이고 문화계·종교계·시민단체 영역에서 우위를 점하고 있는 좌파 진영에 대항하려면, 지역과 밀착된 사람들의 목소리를 듣고, 그들의 지지를 얻을 수 있는 별도의 채널 구축이 필요하다고 본 것이다. 그런데 안타깝게도 우파 정당은 주민자치 하면 베네수엘라의 차베스 정권이 인민민주주의화를 위해 악용한 것만 생각한다.

하지만 주민자치 제도에서 각종 시민단체가 끼어들만한 요소를 삭제하고, 지역성을 강화하면 분명히 보수·우파가 창출할 수 있는 기회도 있을 것이다. 지역에서 자치활동에 참여할 만큼의 여유가 있는 이들은 과거 투표 성향이 어땠느냐와는 별개로, 일종의 '생활 보수적 관념'을 갖고 있기 때문이다.

자신은 배운 사람, 깨어있는 사람, 엘리트라는 자의식을 갖춘 사람들이기 때문이다. 이런 틈새 요소들을 잘 활용해 국회에서의 열위를 극복할 수 있는 '국민 소통 플랫폼'을 적극적으로 개발할 필요가 있다.

문화전쟁의 역할도 매우 중요하다. 지금까지 보수세력은 정치적으로 보수 정당을 찍는다는 것 이외에 서로 일체감을 발휘할 만한 문화코드나 상징을 갖추지 못했다.

그나마도 미약하게 이뤄졌던 '역사 재인식' 시도들은 진보진영으로부터 '뉴라이트적 행각'이라고 욕을 먹는다. 따라서 매우 비정치적이지만, 정치적인 동력으로 삼을 수 있는 보수의 사회·문화적 코드가 무엇인지에 대해 깊게 고민해야 한다. 그것이 가능한지 여부에 따라, 20대~40대의 관심을 얻을 수 있을지 여부도 결정될 것이다.

가령 이준석 전 대표의 경우에는 '이대남' 키워드를 바탕으로 젊은 보수세력만의 사회·문화적 코드를 창출해내려고 했다. 20대 남성들이 취업 과정에서 불공정하다고 느끼게 만드는 갖가지 여성할당제, 국가 차원의 여성 포용 프로그램, "남성을 잠재적 가해자로 상정한다"고 느끼게 만드는 젠더 정책 등을 적극적으로 공격한 것이다.

과거 정치권에서는 '여성 진영'을 매우 중요한 이해관계자 집단으로 보고, 그들에 대한 정치적 지분을 보장하기 위한 고민을 해왔던 것이 사실이다. 가령 비례대표 앞 순번에 여성 인재를 배치하는 방식이나 주요 당직에 여성을 포진하는 방식이 대표적이다.

하지만 이준석 전 대표를 비롯한 '공정한 경쟁'론을 주창하는 이들은 그런 접근법이 매우 불공정하고, 때에 따라서는 폭력적임을 주장하기도 한다. 그 나름대로의 문화전쟁이자 세력 결집 방식이 이대남 코드였던 것이다. 물론 이준석 식(式) 젠더론은 통합이 아니라 분열의 에너지를 기반으로 한 논리라는 한계점을 갖고 있기도 하다.

"남의 판에서 싸우지 말고, 내 판으로 적을 끌어들여서 싸우라"는 말이 있다. 24년 4월 총선 결과가 어찌되느냐와 상관없이 보수정당은 24년 6월까지 거야와 맞서 싸워야만 한다. 1년도 안되는 세월이라 짧다고 여길 사람들도 있겠지만, 4차산업혁명 시대에 몇 달은 변화를 확산시키고 대세를 만들기에 충분한 시간이다. 따라서 새로운 판을 만들고, 그 판으로 상대를 유인하고, 효과적으로 싸움을 벌일 수 있는 전술과 전략을 고민하지 않으면 안 된다.

# 11
## '이념 편향 행보'는 사실인가

2023년 언론이 윤석열 대통령을 평가할 때 가장 많이 거론되었던 문구가 '이념 편향'이다. 공산전체주의에 대한 비판, 한·미관계 중요성의 강조, 일본과의 관계 개선 등을 근거로 '윤석열 극우론'을 펼치는 것이다.

그런데 잘 살펴보면, 윤석열 대통령은 일련의 주장들을 정치 도전 이전부터 계속해서 펼쳐 왔다. 당장 전체주의에 대한 비판과 자유민주주의를 지키기 위한 검찰의 역할에 대한 주문은 총장 당시에도 줄기차게 나왔다. 문재인 정권 당시에는 전체주의 비판이 '사이다'처럼 인식되었던 것이 사실이다. 하지만 불과 2~3년 만에 전체주의 비판은 마치 극우세력의 언어처럼 오도되고 있다. "젊은 세대들이 보기에 삶에 위협을 주는 것은 공산

전체주의가 아닌 용산전체주의" "국립국어원에 공산전체주의에 대해 물었는데 '모른다'는 답변 받았다더라"며 비꼬는 주장까지 널리 인용되고 있다.

과연 공산전체주의 집단은 존재하지 않는 것일까. 가짜 인터넷 언론을 내세워 한국 국내 여론조작을 시도한 중국의 정체불명 기관들에 대한 보도는 중국이 자유진영 국가들을 상대로 사이버 공작과 문화공작을 펼치는 것이 사실임을 입증하고 있다. 실제 지역 언론사와 비슷한 이름의 인터넷 도메인과 제호를 만들고, 중국 정부의 각종 정치적 입장을 홍보하는 콘텐츠를 유포하고 있다는 사실도 드러났다.

2023년 상반기 기준으로 주요 공공기관 사이버망을 겨냥한 해외 조직들의 공격은 일평균 137만 건 정도다. 북한과 관련된 그룹이 70%를 차지했고, 중국·러시아 연관 그룹도 뒤를 이어 암약하고 있었다. 이런 '인터넷 문화전쟁'에 대해 할말을 한다면, 소위 이념 편향 행보가 되는 것일까.

23년 5월 북한 공작원들과 중국과 베트남에서 접선하고 북의 지령에 맞춰 반정부 투쟁을 기획하고 군사 정보 등을 수집한 혐의로 구속기소된 전 민주노총 간부 4명의 이야기가 보도되었다. 각각 민주노총 본부의 조직쟁의국장, 보건의료노조 조직실장, 금속노조 부위원장 등 상당한 고위급의 실력자들이었다. 북한의 해외 문화전쟁을 지도하는 문화교류국으로부터 명령을 하달받아 국내에 지하조직을 만들었고, 촛불시위·추모문화제·평택 미군기지 정보 수집 등의 명령 내용을 구체적으로 이행하기까지 했다.

이들은 엄밀히 한국 사회를 전복시키려 한 국사범들이다. 그런데 이들을 법적으로 처벌하는 것이 과연 이념 편향이라고 볼 수 있을까.


## '반윤 딱지'를 위한 인위적 프레임

민주당과 정의당은 민주노총 관계자가 북한의 지하조직 노릇을 한 혐의로 구속기소되자 '공안정국의 부활'이라며 비판했다. 만약 민주당이 대한민국의 자유민주주의 체제에 확고한 신념을 갖고 있다면, 있을 수 없는 반응이었다.

군사 정부나 과거의 보수 정권 시절에 대두된 '간첩론'과 민주노총 사건을 비교하며 "정치적으로 어려움을 겪는 정부·여당이 매카시즘을 펼치고 있다"는 평가를 하는 이들도 있었다.

정부가 국민의 안위를 위협하는 이적세력들을 적발하고 법적으로 처벌하는 것은 매우 기본적인 책임이자 의무다. 윤석열 정부는 과거 보수정권처럼 정당 해산을 할 정도로 막강한 권한을 행사하지도 않았다. 오히려 민주노총의 감정적인 반론을 묵묵히 듣고 그 또한 법률상 방어권을 지닌 이해당사자의 권리로 받아들였다.

그럼에도 유독 윤석열 대통령과 정부에게만 극우적이라거나 이념적으로 경도돼 있다는 식의 거부반응이 표출되는 것일까. 나는 '이념 편향'이라는 야당과 언론의 주장 속에는 '반윤'(反尹) 그 자체를 위한 인위적 프레임이 숨어 있다고 본다. 이념 논쟁의 내용을 살피기보다는, 윤석열 정부를 포위하기 위한 전술적 목적에 방점이 찍혀 있는 것이다.

여기에는 "요즘 세상에 무슨 간첩이 활개를 치겠으며, 우리 사회의 안전을 위협하겠느냐"는 안전불감증도 조금씩 덧붙여진다. 야당 입장에서는 공안 수사를 정치적이라고 보겠지만, 반대로 보수진영에서는 국가의 안위를 지켜내기 위한 수사·조사 활동을 정치적이라고 규정짓는 것 자체가 몹시 정치적인 행위라고 평가할 수밖에 없는 것이다.

또 다른 예를 들어 보자.

"철 지난 이념이 아닌, 나라를 제대로 이끌어 갈 이념이 중요하다."
"1 더하기 1은 100이라고 하는 세력과는 싸울 수밖에 없다."

윤석열 대통령이 2023년 8월 말 국민의 힘 의원들이 모인 연찬회 현장에서 한 말이다. 윤 대통령은 평소에 대한민국의 핵심 국가이념으로 헌법 정신을 이야기하곤 했다. 대통령 본인이 자유를 외치는 것도 결국에는 우리 헌법의 기초 사상이 자유주의이기 때문이다.

그런 점에서 윤 대통령의 이념은 '헌법이념' 내지는 '헌법주의'라고 규정할 수 있다. 기성 정당정치인들처럼 쉽고 가볍게 좌파나 우파라고 스스로를 규정짓지는 않는 것이다.

그런데 대통령의 '나라를 제대로 이끌어 갈 이념' 발언 이후, 모든 앞뒤의 맥락은 삭제되고, '철지난'이라는 수식어에 대한 관심도 사라지고, '이념'이라는 단어만 남아 언론에 회자됐다. 유인태 전 국회사무총장은 윤 대통령이 '늦깎이 뉴라이트'가 된 것 같다고 규정했다.

검사 출신이기에 특정 진영이나 정당에 대한 밀착도가 약했는데, 국정을 운영해 보면서 점점 특정 진영으로 귀의하는 '의식화'를 거치고 있다는 것이다. 그러면서 "내가 뭘 잘못했다고 지지도가 이것 밖에 안되고 세상이 나를 알아주지 않는 건가"하는 원망이 정치적으로 경도되는 원인이라고 주장했다.

문재인 정부 당시에 윤석열 검찰총장의 행보를 지지했던 중도

성향의 지식인·평론가들도 뉴라이트적 행보라는 언어적 규정에
쉽게 동의했다. 과거 자신들이 우파 정치인들을 보며 싫어했던
요소들을 윤 대통령에게서 발견하게 되니 생겨나는 감정적 판단
이다. 용어의 정의도 명확하게 할 필요가 있다고 본다.

　뉴라이트는 과거 학생운동·노동운동에 종사하며 북한에 매우
우호적이었던 자주·해방(NL) 계열 인사들이 우파로 전향한 것
을 가리킨다. 하지만 윤석열 대통령은 학생 때나 그 이후나 운동
권에 가담한 전력이 없다.


## 정율성·홍범도 기념물 논란의 진실

　이념 편향 행보에 대한 이야기가 나올 때마다 자주 거론되는
단골 소재가 정율성·홍범도 기념물 논란이다. 정율성은 조선인
민군 행진곡과 팔로군 행진곡을 만든 중국 공산당 소속의 작곡
가다.

　그리고 한국 전쟁 때는 조선인민군과 함께 월남하여 국군과의
전투에 참전했던 인물이다. 광주광역시에 연고가 있다 하더라도
스스로 적성국에 가담하는 길을 선택했던 인물이다.

　그런데 강기정 광주시장은 그 인물이 광주를 대표하는 예술인
이라고 손꼽을 만큼 훌륭한 작곡가라고 추어올리며 한·중 우호

관계의 상징인 것처럼 홍보했다. 그리고 광주광역시가 정율성 동상 건립과 선양 사업을 지원하는 것이 중국인들의 한국에 대한 호감도를 올리는 데 매우 좋을 것이라는 '독특한' 해석을 내놨다.

정율성 동상 건립 논란이 발생하자 상호 입장이 선명하게 대립하는 전선이 형성됐다. 윤석열 대통령은 "정율성 역사공원 건립을 관용으로 해석하면 자유·연대·통합 지향의 기반이 무너진다"고 우려했다.

반면에 문재인 정권의 소득주도성장 정책을 비판하면서 윤석열 후보를 지지했던 배훈천 전 광주시민회의 대표는 "정율성 역사공원 논란은 기획의 냄새가 진동한다"고 비판했다.

광주 사람 대부분이 정율성을 유명한 음악 예술가 정도로 알았지, 국가 정체성 논란을 초래할 만한 논쟁인지는 모를 것이라는 말도 덧붙였다. 밀양에 있는 김원봉 기념 시설, 통영의 윤이상 국제음악제 같은 행사도 같은 잣대를 적용해야 하는 것 아니냐는 주장도 있었다.


그런데 정율성 기념 사업을 방어하면서 반(反)호남 정서라고 강변한다거나, 지나친 정치적 쟁점화라고 반박하는 모습은 문제의 본질을 한참 흐린 것이다. 정율성 작곡가가 호남 출신임을 꼬투리잡는 것이 아니기 때문이다. 오히려 5.18 민주화운동을 비롯해 자유민주주의 발전에 기여한 호남의 상징자산을 변질시킬 수도 있는 행위가 정율성 기념사업임을 일깨우는 일이 필요하다. 그 때문인지 정율성 동상 논쟁은 생각보다 빨리 마무리됐다.

그런데 이후 더 큰 사건이 벌어졌다. 육군사관학교 교정에서 독립운동가 홍범도 동상을 내보내야 하느냐를 둘러싸고 진영 간 대립이 발생한 것이다. 뒤늦게 확인해보니 홍범도 동상 이전은 국방부와 육사가 매우 강한 의지를 가진 사안이었다. 자유민주주의 국가를 지키는 예비 장교들을 양성하는 공간에서, 소련 공산당에 투신했던 인물을 기념한다는 것을 납득하지 못하는 동문들과 생도들이 꽤 있었기 때문이다.

물론 홍범도 장군이 과거 보수 정권인 전두환·노태우 정부에서도 독립운동가로 기려지기 시작했고, 이후 들어선 보수정권에서도 매우 중요한 인물로 선양되었던 것이 사실이다. '자유시 참변'에 홍범도 장군이 직접 개입한 것이 아니라. 독립군들 간의 주도권 다툼으로 인해 발생한 살상 사건에 대해 법적인 판단을 내리는 역할 정도를 맡은 것이라는 분석도 있었다.

독립군들의 경우 외부 세력으로부터 지원을 받기 위해 전략적으로 중국 공산당·소련 공산당 등에 가담했던 사례도 있음을 논증하며, 보다 너그러운 시선을 적용하길 요청하는 학자들도 있다. 이런저런 사실들을 종합해 보면, 홍범도 문제는 단번에 평가 내리기에 매우 어려운 사안일 수 있다.

이런저런 고민을 차치하고, 국방부와 육사는 일단 '원칙론'을 적용해 홍범도 장군 동상을 이전할 것을 결정했다. 다른 독립운동 역사 공간에서 홍범도의 생애를 기릴 수는 있겠지만, 공산전체주의 세력과 싸우는 장교를 양성하는 육군사관학교에서 그를 기리는 것은 적절하지 않다고 판단한 것이다.

## 억울하다 하지만 기민하지 못했다

윤석열 대통령이 이념편향적인 지도자라고 욕을 먹는 것은, 매우 억울하고 답답한 일이다. 대통령이 선거 때부터 줄곧 강조해 온 '실사구시' 캐치프레이즈와도 거리가 멀고, "99%의 차이가 있더라도, 1%의 같은 점만 있다면 함께 하자"는 메시지와도 결을 달리하는 내용이기 때문이다.

윤 대통령은 자신이 보수·진보라는 명확한 정치적 규정을 내린 적이 없다. 또 평소에도 상식과 전문성을 갖춘 민주당과 진보 진영의 많은 오피니언 리더들과 직접 소통하고 싶어하는 모습을 보였다.

그럼에도 불구하고, 이념편향 논쟁은 결과론적으로 씁쓸한 뒷맛을 남기는 것이 사실이다. 논쟁이 거듭되는 과정에서 윤석열 정부는 진의를 의심받으며 계속해서 비판의 대상이 되었고 여론조사 상 지지율에도 부정적인 정서가 반영되었기 때문이다.

당장 역사논쟁을 정치권에서 먼저 손대는 모양새는 전술적으로 불리한 것이 사실이다. 노무현 정부 당시 갖가지 친일·역사 논쟁으로 정부가 과하게 드라이브를 걸자, 그에 반감을 품었던 사람들이 반대급부로 뉴라이트·보수 노선을 지지했던 것을 곱씹어 볼 필요가 있다.

역사 문제는 특정인이나 정권이 해답을 내릴 수 있는 것이 아니라, 학계·문화계·시민사회에서 서로 논쟁하게끔 토대를 만들어주고, 일정한 결론으로 유도될 수 있도록 분위기를 조성하는 것이 중요하다. 가령 공영방송을 통해서 역사 문제와 관련된 다큐멘터리·드라마를 제작해서 내보내거나, 시대정신이 담긴 영화를 제작하는 데 지원·투자를 아끼지 않는 방식으로 말이다.

민주당 정권은 그 작업을 매우 알차게 해냈다. 동학농민운동을 국가적인 아젠다로 이끌어 내기 위해, 2019년 상반기에 SBS 퓨전사극 '녹두꽃'을 방영해 상당한 인기를 끌었다. 그리고 일본과 점점 외교적으로 경색되어가며 선거를 한일전으로 치러낼 필요성이 제기되자 블록버스터급 드라마를 제작했다. 유명한 드라마 '미스터 선샤인'이다.

잘 만든 드라마 콘텐츠는 유명한 역사가가 집필한 베스트셀러보다 훨씬 파괴력이 크다. 배우가 전달하는 섬세하고 컬러풀한 감정, 이야기의 통시성 등에 시청자가 매료되기 때문이다. 그래서 드라마에서 그려진 대로 역사적 사실을 재인식하고, 타인과 그 내용을 공유할 가능성이 높다. 문화콘텐츠를 바탕으로 한 역사문화전쟁의 힘이다.

만약에 정율성·홍범도 논쟁이 같은 방식으로 진행되었다면,

국민들의 반응은 어떠했을까. 흔히 우파는 팩트를 중시하고, 좌파는 스토리텔링을 중시한다는 말이 있다. 그런데 4차산업혁명으로 데이터가 범람하는 시대가 될수록 일반 대중들은 더더욱 스토리텔링에 집중하는 경향을 보인다.

소위 역사·문화전쟁은 정치 현장에서 국회의원들이 구체적인 데이터를 갖고 할 것이 아니라, 민간에서 좀더 부드럽지만 치밀하게 설계된 콘텐츠와 스토리텔링을 무기로 진행하는 것이 훨씬 효율적이다. 지난 1년 반 동안에는 시행착오가 많았지만, 남아있는 3년 반 동안에는 보다 정교한 접근이 절실하다.

# 12
## 이권 카르텔론의 진실

"이권카르텔은 정치적 용어이고, 수해복구는 절박한 현안으로, 이 두 가지를 엮는 것이 첫 번째 오류다. 액수나 범위가 정확하지 않은 보조금을 어떻게 산출할지가 불명확한데 그것을 재원으로 하는 것이 두 번째 오류다."

이준석 전 국민의 힘 대표의 말이다. 이 전 대표가 두 가지 오류의 대상으로 지목한 것은 윤석열 대통령의 2023년 7월 18일 국무회의 발언 내용이었다.

"이권카르텔, 부패카르텔에 대한 보조금을 전부 폐지하고, 그 재원을 수해복구와 피해 보전에 투입하겠습니다."

이준석 전 대표의 말에는 나름의 맥락이 숨어 있다. 이권카르텔이 정말로 우리 사회 곳곳에 존재하는지 불분명하다는 것이다. 그래서 '정치적 용어'라고 말한 것이다.

하지만 경제학자들과 전문가들은 이미 한국사회의 저변에 지대추구적 행위가 있음을 이야기하고 있다. 박근혜 정부의 정책조정수석과 대외경제정책연구원장을 지낸 현정택 인하대 명예교수는 "한국경제 구조개혁의 핵심은 경제적 지대의 타파"라고 말했다. 또 경제적 지대의 발생 원인은 잠재적 경쟁자가 생기는 것을 막는 '진입장벽' 뿐만 아니라 공익을 목적으로 만들어진 다양한 규제에도 있음을 이야기했다.

이런 관점에서 보면 한국 사회에는 다양한 형태의 지대가 존재한다. 공기업의 독점으로 인한 지대, 정부의 허가를 받아야만 진출 가능한 산업군(群)에서 발생하는 지대, 소위 사(士)자 직업군으로 불리는 전문 자격증으로 인한 지대가 대표적이다.[7]

모두 국가의 제도를 바탕으로 일정 수준 이상의 경쟁을 제한하는 시스템의 결과물이다.

그런데 지대 추구 행위를 타파하는 것이 자본주의 사회에서 정당하게 이뤄진 이윤 추구를 방해하는 것처럼 오해될 때가 있

---

7  현정택, 2015, 한국의 경제적 지대와 지대추구행위 타파를 위한 제언, 한국경제학회 발표문.

다. 소위 "진보·좌파들의 주장 아니냐"는 것이다. 하지만 계속해서 새로운 진입자가 발생하는 경쟁 시장에서는 언제 어떻게든 지속 가능한 이윤이 존재하지 않는다.

반면에 진입장벽이 철통같은 독과점 형태의 시장에서는 이윤의 지속성이 제법 쉽게 보장된다. 상품을 공급하는 자들이 애써 고객들의 시선을 의식해 가격을 낮추거나, 제품을 혁신하고자 하는 유인도 제대로 발생하지 않는다.


## 지대와 군중의 집단분노

2015년 우리 사회를 뒤흔들었던 '2030 수저계급론'(論)을 들여다보면, 청년들 사이에 대물림되는 부와 계층에 대한 자조감·분노감과 함께, 지대에 대한 강한 인식을 엿볼 수 있다.

가령 금수저의 경우 자산이 20억원 또는 가구 연수입이 2억원 이상인 사람을 가리킨다(2015년 기준)고 한다. 그런데 '실제 케이스'로 지목되는 인물의 사례가 기막히다.

A씨는 행정고시 준비생으로 서울 강남권의 100평대 주택에 거주하며, 부친은 중소기업 대표로 자녀에게 회사 주식 10억원대를 물려줄 수 있고 월 300만원 가량의 용돈을 줄 수 있는 여건을 갖추고 있다.

A씨가 남부러울 것 없는 환경에서 이미 살고 있음에도 불구하고 애써 행정고시를 준비하는 이유는, 진입장벽이 높은 고위 공무원의 삶을 통해 본인의 지대를 추구할 수 있을 것이라는 기대 때문이다. 반면에 자산이 5000만원 미만 또는 가구 연수입이 2000만원 미만인 '흙수저' B씨는 정반대의 조건에 놓여 있다.

그 역시도 대우는 행정고시 합격자에 비해 빈약하지만 어느 정도 안정성과 예측가능성을 보장받는 7급~9급 공무원 시험을 준비하고 있다.

하지만 자산은 거의 없고, 본인의 한달 생활비도 40~50만원 안팎으로 매우 긴축하는 편이다. 살고 있는 집은 지방의 20평 미만 다세대 주택이다.[8]

2019년 한 해를 뜨겁게 달구었던 조국사태에서도 지대추구행위가 고스란히 드러난다. 강남의 상류층에 속하는 조국 씨 가족들이 대학입시·의과대학원진학·유학 등의 과정에서 저지른 갖가지 비위의 내용을 살펴보면, 제한된 사람들만 활용 가능한 정보와 네트워크를 바탕으로 수많은 일들이 벌어져 왔음을 알 수 있다.

윤석열 검찰총장에게 "표창장 위조는 강남 학생들이 몇십만원 주면 쉽게 할 수 있는 것"이라고 술김에 강변했던 법무부 법무

---

8   중앙일보 2015.10.28

실장의 발언 속에도 불법적 지대추구행위에 대한 정당화 논리가 숨어 있다.

이처럼 이너서클의 힘을 공고히 하는 지대에 대한 분노가 응축되어 터져 나온 결과가 2016년 국정농단게이트 당시의 촛불시위, 2019년 광화문광장의 반(反)조국 집회였다. 두 사건 모두 정치적 사건을 계기로 터져 나왔지만, 그 저변에는 비정치적인 문제가 숨어 있었다.

대물림되는 계층 문제, 공공 분야와 교육 분야에서 숱하게 벌어지는 불공정 지대추구에 대한 분노가 반영된 것이다.


## 사교육 카르텔 철폐

2023년 8월 교육부가 공개한 '현직 교원 영리행위 자진 신고' 조사 결과를 살펴보면 10대 학생들과 학부모들이 매우 강하게 느끼는 '불공정지대'와 사교육 이권카르텔의 실체를 알 수 있다. 고등학교에 재직하고 있으면서 겸직허가신청도 없이 학원가에 모의고사 문제를 제공하고, 수억 원의 자문비를 받는 이들이 꽤 되었다.[9]

또 대학수학능력시험 출제 경험이 있는 대학교수, 고교교사

---

9   머니투데이 2023.8.21

등이 아예 하나의 업체에 소속돼 문제은행을 만들고 대형학원에 판매한 사례까지 적발됐다.

윤석열 정부가 '사교육 이권 카르텔' 문제를 점화시켰을 때, 냉소적인 시선으로 이를 비판하는 사람들이 꽤 많았다. 교육에 대한 투자를 아끼지 않는 나라에서, 출중한 강의력과 입시 예측력으로 일정 수준 이상의 반열에 오른 일타강사들을 탄압하는 행위라는 비평도 있었다. "강사들이 고소득자라고 해서 공격하는 것은 보수가 할 일이 아니다"라는 말도 덧붙여졌다.

그런데 사교육 카르텔 문제는 문재인 정부 당시였던 2019년에도 똑같이 제기됐다. 정보력과 네트워크를 겸비한 소위 '돼지엄마'들, 강남권이나 그에 준하는 소득·자산 수준을 갖고 있으면서 입시전쟁을 이끄는 사람들에 대한 존재가 조국사태를 계기로 분출된 것이다.[10]

그런데 문재인 정부 당시에는 학생들이 다양한 활동과 실적을 대학에 제출해야만 좋은 평가를 받을 수 있는 수시모집 대신에, 수능 한번으로 승부가 판가름 나는 정시모집이 훨씬 공정하다는 결론을 냈다. 그래서 문재인 전 대통령은 조국 사태에 대한 일종

---

10  연합뉴스 2019.9.8

의 근본적 해법이 '정시 확대'라는 입장을 내놨다.

하지만 그 수능조차도 정보력과 네트워크에 따라 불공정한 경쟁이 될 수 있다는 것이 윤석열 정부의 조사 결과다. 다만 문제의 원인을 진단하고 해결하는 과정에서 사교육 산업이라는 거대 집단의 뒷모습을 들춰낼 수밖에 없는 상황이었다. 당연히 사교육 업계와 이해관계를 공유하는 수많은 이들의 저항에 직면했고, 수능 출제 과정에서 늘 화두였던 '킬러 문항' 이슈를 건드리자 저항은 극에 달했다.

교육 전문가들 중에는 "정부는 입시에 대해 구체적으로 입장을 내놔서는 안 된다"는 말을 하는 사람들까지 있었다. 그러나 확실한 것은, 누군가는 입시라는 독특한 제도를 역이용해 지대를 추구하고 있었다는 사실이다.

## 손해를 보더라도, 할 일은 한다

사교육 카르텔 척결 과정에서 민심이 요동치는 것을 느끼지 못했다면 거짓말이다. 여론조사 기관들은 킬러문항 배제에 대한 대통령의 직접적인 메시지를 빌미로 "대통령 지시에 따라 이번부터 수능 출제 방식을 바꾸면 부정적 영향이 클 것"이라는 문

안을 만들고, 50% 이상의 '그렇다'는 반응을 이끌어 냈다.[11]

사실상 유도된 질문이었고, 의도한 대로 나온 결과였다. 야당과 진보 언론은 킬러문항 배제에 대해 '권위주의적 방식'이라고 폄하하기 일쑤였다. 맘카페를 중심으로 윤석열 정부에 대한 성토가 이뤄지는가 하면, 2030 세대가 모이는 온라인 커뮤니티에서는 '망했다'는 식의 극언도 넘쳐났다.

하지만 이권 카르텔의 본질을 직시하며 일련의 문제들을 깊이 곱씹어 볼 일이다. 수학능력시험이 실시된 지 거의 30년에 가까운 세월 동안 매우 다양하게, 이전보다 훨씬 창의적으로 시험 내용과 출제 방식을 파악하고 있는 사교육 카르텔이다. 이들에게 과감하게 칼을 들이대는 방법은 정부의 규제 외에 없다.

---

11  매일노동뉴스 2023.6.27

"학원강사들은 교육 콘텐츠를 전략적으로 개발해 학생들에게 인정받고, 경제적으로 성공한 사람들"이라고 예단하고 문제를 더 이상 고민하지 않는 것은 매우 편한 방식이다.

하지만 누군가가 성공을 거두는 시장에서, 누군가는 음·양으로 피해를 입고 있을 것이라고 보고 현미경적으로 접근하는 것은 몹시 어렵지만, 국가로서 해야만 하는 일이다.

윤석열 대통령과 자주 소통하기로 유명한 김한길 국민통합위원장은 한 언론 인터뷰에서 이렇게 말했다.

"윤 대통령은 정치적으로는 조금 손해를 보더라도, 국가적으로 반드시 필요하다고 여기면, 그 일을 해내고야 마는 사람이다."

나는 사교육 이권 카르텔 논란을 앞두고 내린 윤 대통령의 과감한 선택이 그 증거라고 본다. 온·오프라인에서 '빅마우스'인 일타강사들, 현상유지를 원하는 교육산업 종사자들이 등을 돌릴 수 있는 일이지만, 5,000만 국민들의 더 나은 삶을 위해 필요하다면 개혁의 길을 가는 것이다.

이권 카르텔은 사교육 이외에도 많은 영역에서 작동하고 있고, 자신들의 성역 안으로 누군가가 진입하지 못하게 계속해서 사다리 걷어차기를 하고 있다. 민주주의 이전에는 물리력을 행사하는 방식으로 이권 카르텔들이 자신을 보호했고, 민주주의 도입 이후에는 각종 정치·사회적 영향력을 바탕으로 자구책을 모색하곤 했다.

온라인 미디어가 발달한 오늘날에는 각종 적반하장식 언론플레이, 주객이 전도된 언어 구사, 그리고 '약자 코스프레'를 통해 자신을 정당화하는 방식으로 여론전을 한다. 특히 규제 당국의 장악력이 약한 경우에는 여론전이 꽤 효과적으로 힘을 발휘한다. 윤석열 대통령은 이런 이해관계자 집단의 저항에 좌절하지 않고 앞으로 나아가겠다는 것이다.

# 13
# 재정건전성 무시하면 핵폭탄급 위기 올 수 있다

"우리 재정 상황이 녹록지 않습니다. 그동안 정치적 목적이 앞선 방만한 재정 운용으로 재정수지 적자가 빠르게 확대되었고, 나라빚은 GDP의 절반 수준인 1,000조원을 이미 넘어 섰습니다. 세계적인 고금리와 금융 불안정 상황에서 국가재정의 건전한 관리와 국제신인도 확보가 무엇보다 중요합니다." (윤석열 대통령 23년도 예산안 시정연설)

"어쩌면 민주화 이후 가장 인기없는 대통령이 될지도 모르겠다." 지인인 경제학 교수가 22년 10월 윤석열 대통령의 23년 예산안 시정연설을 보고 내게 해준 말이다. 당장 고물가·고금리·고환율시대를 맞아 국민과 정부가 함께 허리띠를 졸라매야만 하는 형국이다. 임기 후반인 2025년에는 관리재정수지 적자 한도를 GDP 대비 3% 내로 관리하되 국가채무비율이 60%를 초과하면 2% 내로 축소시키는 '재정준칙' 적용을 진지하게 검토해야만 한다. 2023년 기준으로 국가채무비율은 50.2%대로 추정되고 있다.

2019년에는 37% 수준에 불과했던 것이 4년 간 급상승 한 것이다. 제정신 차리지 않으면 60%까지 육박하는 것도 어렵지 않은 상황이다. 그러나 돈을 쓰자는 사람에게 반색하는 사람들은 많지만, 돈을 아끼자는 이에게는 각박하게 반응하는 것이 인심이라, 윤석열 정부는 더더욱 차가워진 민심과 직면해야만 하는 숙제를 안고 있다. 이성보다는 감성이 통하는 것이 세상의 이치인 것처럼 말이다.

반면에 전 정권인 문재인 정부는 국제적인 저금리 상황으로 인해 여유를 가지고 재정을 집행할 수 있었다. 정부가 돈을 퍼부어도 물가로 바로 효과가 전이되지 않고, 일정 수준 경기 진작과 정부 지지율 제고 효과로 연결되었던 것이 사실이다.

게다가 코로나19 팬데믹 초기에 총 5차에 걸쳐 재난지원금을 지급했다. 14.3조원 규모로 소득이나 재산에 관계없이 전국민에게 지급한 1차 재난지원금, 국민의 88%에 지급했던 11조원 규모의 5차 재난지원금(21.7)은 선거 관리용 재원이라는 비판을 받기까지 했다. 특히 1차 재난지원금 편성 당시에는 문재인 정부가 채권까지 발행해가며 돈을 마련했다. 일본이나 독일, 미국 등은 전(全) 국민 돈풀기가 아니라 꼭 필요한 계층을 중심으로 80% 피해 보상, 임대료 전액 지원 등의 카드를 썼던 것과 대비되는 면모였다.

게다가 코로나19 팬데믹으로 인해 디지털 전환(digital transformation)이 시급해졌고, 신산업 개척이 절실해 졌다는 미명 하에 한국형 뉴딜 예산이 대거 집행됐다. 이로 인해 국가부채는 23년 말 집계 기준으로 1,100조원 대까지 이를 만큼 상황이 심각해졌다.

## 재정건전성 주장하면 작은 정부, 사실인가

"윤석열 정부는 MB 시절 신자유주의 그대로 답습한 작은 정부", "서민 살림보다 재정건전성 확보에 더욱 치중하는 금융 엘리트 정부." 민주당 정치인들과 지지자들에게 귀에 못이 박히도록 들은 말이다. 홍익표 더불어민주당 원내대표는 23년 11월 24일 "초부자감세와 긴축재정기조를 더 이상 유지하지 말라"고 엄포를 놓으며 민주당 주도 예산국회를 끝까지 이끌고 갈 것임을 천명했다. 재정건전성 확보와 구조개혁 추진을 통해 핵폭탄급 경제위기를 막자는 윤석열 정부의 노력 호소를 가볍게 무시하는 발언이었다. 민주당은 여당 때 했던 것처럼 지역상품권 예산, 청년패스예산 등 이재명 대표 브랜드가 박힌 예산들을 합의 없이 통과시키며 소수 여당 의원들이 망연자실하게 했다.

그런데 재정건전성 주장이 과연 윤석열 정부만의 종특이라고 할 수 있을까. 또 윤석열 정부가 다른 정부보다 감세에 집착하는 정부라는 것이 과연 사실일까.

당장 문재인 정부의 기획재정부는 다음 정부가 실행하게 할 목적으로 한국형 재정준칙을 입안했고, 2024년부터 국가부채 비율이 60%에 육박하게 될 것이라고 전망하기도 했다. 송영길 전 의원은 "홍남기 전 경제부총리를 자르게 하지 못한 게 한"이라고 주장했다.

자신이 더불어민주당 당대표를 지내던 2021년 7월, 이준석 국민의 힘 대표와 협의해 전국민재난지원금을 추진하기로 했는데, 당시 기획재정부의 반대로 관철하지 못했다는 것이다.

이 말은 문재인 정권 당시에도 내부에서 누군가는 국가부채에 대한 깊은 문제의식을 갖고 있었다는 뜻이다. IMF와 같은 국제 금융 기구를 비롯해 S&P, 피치, 무디스와 같은 세계적 신용평가 사들이 한국의 공공부채 문제를 지적하며 '국가 신용등급에 악영향을 줄 것'이라고 예견하기도 했었다.

그런데 민주당이 이 문제를 계속해서 외면하며 "예산 아끼지 말라"고 외치는 이유는 무엇일까. 문재인 전 대통령의 말에 실마리가 있다. 문 전 대통령은 코로나19 팬데믹 당시 측근들에게

"경제가 아니라 정치경제를 고민할 시점"이라고 주장했다고 한다. 액면 그대로 해석하면 재정을 잘 사용해서 위기를 돌파하게 끔 정무감각을 발휘하라는 주문이지만, 곱씹어 보면 정치적 맥락도 신경 써가며 돈을 팍팍 쓰라는 뜻도 숨어 있음을 알게 된다. 돈을 아끼면 그만큼 정권을 지지하는 이해관계자들에게는 잠재적 손해일 수밖에 없고, 자연히 선거에 불리해진다는 인식인 것이다.

재정건전성은 우파 이념이나 전(前)정권 부정과 같은 정치적 프레임으로 볼 문제가 아니다. 오히려 경제를 정치에서 해방시키고, 국가 공동체의 지속가능성을 확보하기 위한 조치가 재정건전화다.

민주당 정치인들은 "우리나라가 해외 선진국 대비 국가부채비율이 절대 높은 편이 아니다"라고 주장한다. 미국(133%), 일본(250%), 영국(86.9%)에 비해 훨씬 낮다는 것이다. 그런데 이들 국가는 엄연히 국제금융패권국이다.

달러화와 엔화, 파운드화는 기축통화 중 하나로 거래되고 있는 것이 사실이지만, 한국 원화는 국제금융시장에서 그다지 인기 있는 화폐종목이 아니다. 게다가 우리나라는 초고령화가 본격화되면서 의무지출에 해당하는 복지예산이 점점 늘어나고 있고, 따라서 재정지출 확대는 도저히 피할 수 없는 상황이다.

게다가 초고령화는 생산활동가능인구의 감소를 의미한다. 장

래에 세금을 걷을 수 있는 경제적 기반이 줄어들고 있다는 뜻이다. 이런 판국에 선심성 지출에만 목을 매다가는, 정말로 큰코다칠 수 있다.

윤석열 정부가 과거 정부에 비해 세금을 걷는데 미온적이라는 주장도 사실이 아니다. 더불어민주당 유동수 의원은 문재인 정부 초기인 2017년 당시 4,000여건이었던 법인·개인세무조사가 2022년에는 3,000건 대로 감소했다고 밝혔다. 세무조사는 조세정의를 실현하기 위한 수단이지만, 세무당국이 세금나올 구멍을 찾기 위한 방도를 찾는 과정이기도 하다.

국세청 관계자들은 지난 2020년 코로나19 팬데믹 발발을 핑계로 특별히 탈세제보를 받는 것 외에 비정기 세무조사를 나가는 횟수가 상당히 줄어들었다고 이야기한다. 특히 세무조사의 핵심 부서인 조사국 근무가 과거에 비해 매우 여유로워졌다고 언급하기도 한다.

더불어민주당 김주영 의원에 따르면 2022년 기준 누계체납액이 103조원 수준까지 돌파했다. 지난 몇 년간 10억원 이상의 체납액이 47조원으로 46%에 이른다. 하필 서울의 강남, 삼성, 서초, 반포 등의 세무서에서 누계체납액이 각각 2조원을 넘어섰다.[12]

---

12  퍼블릭뉴스 2023.10.3

이 지표들을 종합해 보면 부자들에게 악착같이 세금을 걷지 못했던 것은 문재인 정부의 책임도 크다. 세무조사와 체납액 환수는 엄연히 정부가 가진 칼인데, 그 칼을 제대로 사용하지 않았기 때문이다.


## R&D 예산 감축에 담긴 뜻

정부가 2024년 예산을 편성하고 발표하는 과정에서 가장 뜨거운 감자는 연구개발(R&D) 예산 16% 감축이었다(23년 31조 1,000억원→24년 25조 9,000억 원). 문재인 정부 초기까지만 해도 국가 R&D 예산은 19.7조원(2018년 기준) 가량으로 지금의 절반 수준 정도였다. 하지만 코로나 시기에 경기 진작을 목적으로 '한국형 뉴딜'을 비롯한 각종 디지털 R&D 재정이 편성되면서, 2020년 24조원 가량이었던 R&D 예산은 코로나19 팬데믹이 종료된 2023년 기준으로 31조원 수준까지 껑충 뛰어올랐다.

세상만사가 늘 그렇듯, 무엇인가를 줬다 빼앗는 것이 당하는 사람들 입장에서는 가장 뼈저리게 느껴지는 법이다. 과학기술계와 교육계는 코로나19 이전의 R&D 예산에 대해서는 구체적으로 언급하지 않다가, 윤석열 정부가 5조원 삭감 카드를 제시하자 여론이 끓어 올랐다. 국가 연구개발 경쟁력의 후퇴 신호라는 주장이 해외 언론을 통해 표출되기도 했다.

윤 대통령은 '나눠먹기식 R&D 예산'의 문제점에 대해 지적했다. 이는 과학기술계에서 공공연한 진실이었다. 특정 학맥, 특정 지도교수의 연구실 인맥, 의사결정자 역할을 하는 관료와의 관계 등이 연구과제 수주와 지속에 큰 영향을 미친다는 것이다. 지자체 산하 공공 연구소 중에는 특정대 환경대학원의 연구실 선·후배들이 정규직부터 위촉직까지 포진되어 있다는 말이 나올 정도였다. 윤석열 대통령은 22년 11월 30일 과학기술계 원로들과 오찬을 가진 후 '나눠먹기식 R&D 예산'의 핵심인 학계 내 이권 카르텔에 대해 선명한 문제 제기를 했다.

연구개발 종사자들의 기회주의적인 행동도 문제다. 가령 과제의 이름만 바꿔서 동일한 연구 내용을 여러 부처·기관에서 용역으로 위탁받는 사례도 허다하다. 유독 유행을 타는 IT 분야 뿐만 아니라 생명공학, 화학공학 같은 분야에서도 이런 사례들이 많이 있다고 한다.

정부가 아니라 시장에서 충분히 이뤄질 법한 트렌드성(性) 연구는 굳이 공공 예산을 지출할 필요가 없는 것이 사실이다. 그럼에도 불구하고 단지 '중요하다'는 이유만으로 기초과학·응용과학을 막론하고 방대한 지원이 이뤄지는 것은 말 그대로 낭비라고 볼 수 있다.

최근 과학계에서는 "유행을 타는 중형·대형 연구과제보다는, 새로운 발견을 추구하는 소형 연구과제가 많을수록 연구개발 혁신이 더욱 유용하다"는 지적이 나오고 있다. R&D 예산 감축으로 인해 청년 비정규직 연구원들이 피해를 봐서는 안되지만, 과학기술재정을 보다 투명하고 공정하게 운용하기 위한 노력도 절실한 것이 사실이다.


## 약자복지에 집중하는 재정지출

이토록 아끼고 아껴서 어디에 쓰겠다는 것일까. 어느 야당 의원 말대로 "재정 곳간에 돈을 쌓아 두었다가 썩는 꼴"을 보려고 하는 것일까. 우리나라가 지난 수십년간 예산지출의 원칙을 어떻게 세워 왔는지에 대해 살펴볼 필요가 있다.

고도성장기였던 박정희 정부 시절부터 한국은 세수(稅收) 한도 내에서 재정을 집행하는 양입제출 방식을 적용해 왔다. 유럽은 1980년대 이후부터 급증한 복지 지출과 재정적자 문제를 해소하기 위해 국제조약으로 재정적자 상한선을 규정하는 한편, 연금개혁, 새로운 세금 신설(증세) 등으로 대응했다.

그에 비하면 우리나라의 정부부채는 2008년 기준 26.8%로 매우 건전한 편이었다. 그 덕에 IMF 외환위기, 닷컴 버블의 해소, 서브프라임 모기지론으로 인한 국제금융위기와 같은 금융대

란(大亂)을 재정의 조력으로 돌파할 수 있었다. 여기에는 보수적인 재정 운용을 강조하는 기획재정부를 위시한 경제관료 집단의 조력도 큰 역할을 했다.

하지만 우리나라가 선진국 대열에 들어서기 시작한 2010년대 말 이후부터는 정부 재정 중 복지 지출이 40%에 이르는 것이 현실이다. 조금 있으면 유럽 수준의 복지 수준에 이를 것이라는 전망도 나온다.

저출산·고령화의 가속화 추세에다 지방 소멸 이슈까지 맞물려, 복지는 더욱 중요한 이슈가 될 것이다. 2022년 20대 대선에서 '기본소득' 논란이 첨예하게 대두된 것은, 그 전초전이라고 봐도 좋을 것이다.

복지 지출의 지속가능성이 담보되려면, 그만큼의 세수가 확보되어야 한다. 어느 보수 정치인이 말한 대로 "증세 없는 복지는 허구"인 것이 사실이다. 하지만 세금을 새로 내는 것에 대해 탐탁지 않아하는 국민이 거의 대부분이다.

만성 재정적자에 허덕이는 일본의 경우 2019년 10월 소비세율을 8%에서 10%까지 인상했다. 그러자 소비지출이 갑자기 위축되기 시작하면서 2019년 4분기에는 마이너스 성장을 기록하기도 했다.

소비세는 많은 소비를 하는 중장년층과, 한참 소비에 민감하게 반응하는 청년층 그리고 노년층에 공히 세금을 거둘 수 있다는 장점이 있다. 하지만 거두는 만큼, 경제 심리는 좋지 않게 작용하고, 정권과 정당에 대한 지지도 역시 급전직하하는 것이 현실이다. 저성장시대에 '내 호주머니에서 돈을 빼가는 정권'이라는 규정은, 매우 치명적이다.

심지어 일본의 경우에는 정부 부채에 따른 이자 부담이 다른 선진국에 비해 현격히 낮음에도 불구하고 소비세 인상을 2014년(5%→8%)과 2019년 (8%→10%)에 두 번이나 단행했다.

가장 큰 원인은 초고령화로 인해 기하급수적으로 증가하고 있는 복지 지출이다. IMF는 일본 정부가 고령화에 대응하기 위해 소비세를 15% 수준까지 끌어올려야 할 것이라고 예측하기도 했다. 당장 소비 침체로 인해 충격이 오더라도, 중장기적으로는 반드시 가야만 하는 길이라는 것이다.

통상 전문가들은 마이너스성장을 2분기 이상 지속할 경우 '경기침체'가 왔다고 본다. 우리나라의 경우 2022년 10월 이후부터 약 1년간 마이너스성장이 계속되어 경기침체가 본격화된 것이 사실이다.

이창용 한국은행 총재는 "23년 성장률(1.4%)이 잠재성장률(2%)보다 낮기 때문에 경기침체인 것은 맞다"고도 밝혔다. 이런 시기에 증세를 할 수 없는 윤석열 정부 입장에서는, 어디에선가 새는 돈을 줄여 복지재정을 편성할 수밖에 없는 것이 현실이다.

어쩌면 '약자 복지'에 대한 사회적 합의가 필요한 것은 아닐까. 우리 사회가 저성장 국면에 접어든 것은 어느 정도 인정하면서, 정상적인 공동체의 운영을 위해 재정 효율화를 지지해 주어야 하는 것은 아닐까. 만약 이마저도 무시하고 선심성 지출을 계속 한다면, 머지않아 핵폭탄급 위기가 오지 않을까 크게 우려된다.

# 14
## 한·일 관계 회복을 위한 선제적 투자

"존경하는 국민 여러분. 3.1 운동 이후 한 세기가 지난 지금, 일본은 과거의 군국주의 침략자에서 우리와 보편적 가치를 공유하고 안보와 경제 그리고 글로벌 어젠다에서 협력하는 파트너로 변하였습니다. 특히 복합 위기와 심각한 북핵 위협 등 안보 위기를 극복하기 위한 한미일 3자 협력이 그 어느 때보다 중요해 졌습니다."

윤석열 대통령의 첫 번째 3.1절 경축사는 정치사에서 두고두고 화제가 될 만한 '뜨거운 감자'다. 한국은 민주주의 국가임과 동시에 민족주의 국가라는 현실을 안고 있는 나라다. 특히 36년 간 우리 민족을 지배했던 일본에 대해서는 아무리 우호적인 입장을 취한다 하더라도, 국민의 DNA에 새겨져 있는 울분과 한의 정서를 지울 수 없는 것이 사실이다. 윤 대통령은 그 금기를 깨고, 한미일 협력을 강조하며 한국과 일본이 과거에서 미래로 가는 문을 열어야 한다고 제안한 것이다.

5년의 세월 동안 한·일 간의 긴장을 국정 기조처럼 끌고 왔던 더불어민주당은 "3.1절에 현직 대통령이 쏟아낸 극우·친일 발언"이라며 십자포화를 퍼부었다. 일본에 대해 제법 개방적이라고 할 수 있는 2030세대가 여론의 주생산자인 인터넷 커뮤니티, SNS에서도 윤 대통령의 발언을 매우 심각하게 바라봤다.

며칠 뒤, 우리 정부는 일제 강제동원 피해자에 대한 배상 방식을 '제3자 채무 인수' 형태로 할 것이라고 밝혔다. 행정안전부 산하 강제동원피해자지원재단이 2018년 대법원 판결에 따른 일본 기업들의 채무를 넘겨받아 피해자들에게 배상금을 제공하도록 한 것이다.

2018년 당시 대법원은 일본제철과 미쓰비시중공업이 피해자들에게 직접 배상금을 지급하도록 결정했고, 일본 기업들이 집행을 거부하자 법원이 이들 기업의 재산을 가압류하는 사태까지도 벌어졌다.

윤석열 대통령은 일련의 문제들을 점진적으로 풀어가기보다는 고르디우스의 매듭을 끊듯이 과감하게 돌파하는 방식을 취했다. 3월 14일에는 일본의 대표적인 보수 정론지(正論紙)인 요미우리 신문과 단독 인터뷰를 통해 "제3자 변제는 내 생각"이라는 명확한 입장을 밝혔다. 1965년 한·일 청구권 협정과 2018년 대법원 판결 사이에 모순이나 엇갈리는 부분이 있다는 설명도 덧붙였다. 그리고 "이를 조화롭게 해결하는 것이 정부의 역할이자 지도자가 해야만 하는 책무"라고도 밝혔다.

대통령을 모시는 입장에서는 과감한 결단에 대한 놀라움과 존경심 한 편으로, 뜨겁게 달아오르는 국민 여론과 언론의 비판을 의식할 수밖에 없었다.

대통령 선거 당시에도 수많은 논란과 비판이 있었지만, 윤 대통령의 한·일 관계 개선 행보에 대한 것만큼의 강렬한 반응은 없었다.

평소 대통령에게 정책적 의견을 제시하던 중진 정치인이나 원로들도 많은 걱정을 했다. 소위 '속도조절론'을 이야기한 것이다. 나 역시도 온전히 침묵하고 있는 것은 참모로서 도리가 아니라고 생각했다.

"생각보다 국민 여론이 대통령님의 진심을 충분히 받아들이지 못하고 있습니다. 조금 다른 접근법이 필요할 것 같습니다."

어렵게 말을 떼자 대통령은 한참 나를 바라보다가 오랫동안 심적으로 숙성시켜온 듯한 이야기를 꺼냈다.

"서로 논에 물길을 내는 문제로 싸우다 담장까지 만들어 버린 이웃이 있다고 치자. 담을 허물지 않으면 결국 둘 다 손해인데, 서로 눈치만 보느라 그냥 놔두는 상황이 정상인가? 누군가 먼저 담장을 허물면서 진심을 보이면, 상대방도 같이 허물 수 있는 방법은 없는가?"

이 이야기는 윤석열 대통령의 3월 21일 국무회의 비공개 발언에도 고스란히 반영됐다. 3.1절 경축사 이후 강제동원피해자 관련 배상 조치를 발표하고, 그 다음주 이틀 간(3월 16~17일) 일본을 방문해 기시다 총리와 회담을 가지는 등 연이어진 '광폭 행보'의 의의를 하나의 문장으로 축약하는 메시지였다.

만약 윤석열 대통령이 오랜 정치 경력 이후 대통령에까지 올랐다면, 쉽사리 실천에 옮겨지지 않았을 행보였다. 당장의 정치적 득실을 생각하면 일본 문제는 아예 건드리지 않거나, 으레 민족주의적 정서에 호소하는 방식으로 임하는 것이 자연스럽다.

예전에는 보수 정권에서도 일본을 상대로 '과거사 반성론(論)'을 펴는 것이 일반적이었고, 임기 말 독도에 상륙한 대통령도 있었다.

그러나 윤석열 대통령은 기성 정치권이나 정치권을 둘러싼 이해관계자들에 대한 채무가 별로 없는 사람이다. 오히려 오래된 갈등에 대해서는 비(非)정치인의 시각을 적용해 과감한 해법을 시도할 수도 있는 입장에 있는 것이다.

윤 대통령은 오래된 '민족주의 문법'대로 한·일 관계를 조명하지 않았다. 당장의 지지율은 손해를 보더라도, 해묵은 양국 간의 숙제를 과감하게 풀고, 앞으로 나아가기 위한 선택을 하는 것이 지도자다운 결단이라고 천명한 것이다.


## 미·중 패권전쟁을 고려한 선택

그럼에도 윤석열 정부는 소수 정권이다. 게다가 1년 뒤인 2024년 4월에는 국회의원 선거를 통해 정권 운영의 동력원을 다시 확보해야만 하는 부담도 안고 있다.

여당이 과반에 가까운 의석 수를 얻어 정치적으로 세를 불리지 않으면, 한·일 관계 개선과 같은 민감한 현안들은 지도자에게 큰 빚으로 작용할 위험도 있다. 그럼에도 불구하고 윤 대통령이 어려운 길을 가려고 했던 이유는 무엇이었을까.

우선 일본은 미국·인도·호주와 함께 '쿼드'(Quad) 멤버로 활동하고 있다. 쿼드는 중국의 국제 패권정책인 일대일로(一帶一

路)를 견제하기 위한 전략으로 2007년 아베 전 일본총리가 "중국의 급부상에 적극 대항할 경제적, 군사적 연대가 필요하다"고 외치며 구상이 본격화되었다.

원래 쿼드는 4개국 정상의 비공식 안보대화 모임처럼 운영됐으나, 이후 중국의 불공정 무역, 대만유사(臺灣有事)의 위험성 대두, 홍콩의 민주화 시위, 신장위구르 지역의 인권탄압 등과 같은 사건이 불거지면서 좀더 공식조직으로 승화될 필요성이 제기되었다.

외교평론가 신태환 씨에 따르면 쿼드는 일본의 인도·태평양 전략과 인도의 동향(東向, Look East) 정책이 상호작용한 결과물이다. 태평양에서 일본의 오키나와 해군기지를 거쳐, 동남아와 인도양으로 이르는 거대한 씨레인(sea-lane) 전략인 것이다. 아베 정권의 외교 브레인이었던 오카자키 히사히코 전 태국대사가 줄곧 외쳐왔던 일본의 국제안보전략이기도 하다.

만약 우리나라가 동남아와 인도양 권역에서 영향력을 확대하기 위해서는 일본과 인도의 선행 투자에 대해 신경쓰지 않을 수 없다. 그들과 맞붙어서 이길 수 있다면, 굳이 연대를 고민할 필요가 없을 수도 있다. 하지만 미·중 패권전쟁 국면에서 미국이 일본과 인도의 외교안보정책을 적극 돕고 있는 매우 특수한 상황인 것을 의식해야 한다.

이에 따라 윤석열 정부는 '한국형 인도·태평양 전략'을 바탕으로 일본·인도와 시너지를 낼 수 있는 방안을 고민하고 있는 것이다. 민주당 측에서는 "이제 중국을 포함한 대륙 세력과 관계를 끊자는 거냐, 일본의 품에 안기자는 것이냐"고 쏘아붙이곤 한다.

하지만 그동안 한한령(限韓令)을 통한 한국 콘텐츠 유입 차단, 중간재 국산화를 통한 한국산 수입 비중 축소 등을 꾀해 온 중국에 가장 효과적인 대응은, 우리가 그들과 "다른 길을 갈 수도 있다"는 모습을 보여주는 것이다.

최근 7년간 중국은 우리나라를 비롯한 동북아 제국(諸國)과 소통할 때 다음의 방침을 기본으로 있다. ① 상대국과의 호혜평등적 관계는 인정하지 않는다, ② 경제 논리보다 더 중요한 것은 정치 논리다, ③ 중국이 상대국보다 훨씬 우월한 나라임을 언제나 강하게 인식시킨다.

여기에 전략적으로 대응하기 위해서라도, 우리나라는 일본을 비롯한 여러 국가들과 합종연횡(合從連橫)을 고민해야 하는 것이다.

외교는 상대가 있는 게임이다. 따라서 상대가 필요로 하는 사안을 명확히 인식하면서 최대한 내 공간을 넓혀 나가는 것이 외교적 성과를 만드는 첩경이다. 과거 정권이 주장했던 이름뿐인

'균형자'라는 명분에 집착하지 말고, 때에 따라서는 전략적 모호성이 아닌 선명성을 취하면서 국가적 이익을 도모하는 것이 우리나라의 살길임을 인식할 필요가 있다.

과거보다 더욱 우호적인 한·일 관계를 만들어 나간다는 것은 우리가 더 이상 대륙세력이 아니라 해양세력과 깊게 연대하는 국가임을 시사하는 대목이기도 하다.

우리는 어느 세력이 국익에 좀더 도움이 되는지 명확히 인식한 뒤에, 때에 따라서는 선제적 투자를 하며 외교·안보의 성과를 만들어 나갈 필요가 있다.

## 후쿠시마 원전 처리수 방류 논란

한·일 관계를 논할 때 또다른 뜨거운 감자는 단연 후쿠시마 원전 처리수 방류 문제다. 후쿠시마 원전 사고 이후 일본 도쿄전력은 다핵종제거설비(ALPS)를 거친 처리수를 부지내 탱크에 계속해서 보관했다.

당장 방류하는 것에 부담을 느낀 도쿄전력은 계속해서 탱크를 증설하는 방식으로 문제에 대응해 왔으나, 22년 말경 저장용량에 한계를 감지하게 되었다.

그런데 해양수산부가 생산한 문건에 따르면 2020년 9월 기준으로 문재인 정부 역시 후쿠시마 원전 처리수 문제에 대해 숙지하고 있었다. 그리고 "기술적, 시간적 관점에서 선례가 있는 대기·해양 방출이 가장 현실적"이라고 밝히기도 했다.

또 당시 보고서에서는 "오염수 전부를 매년 처분한다는 가정으로 도출한 평가결과는 자연 방사선에 의한 피폭선량 대비 1000분의 1 이하"라고 명확하게 제시했다.[13]

한마디로 후쿠시마 원전 처리수가 인체에 미칠 악영향은 거의 없다는 것이다. 문재인 정부가 이렇게 명확히 밝힌 것이 더더욱 놀랍지 않은가.

엄밀히 말하면 후쿠시마 원전 처리수 문제는 인접국 국민들이 심적 부담을 크게 초래하는 사안이면서도, 그 권한과 책임은 일본의 내정(內政) 이슈로 국한되는 특수성을 갖고 있다. 모든 환경문제가 그렇듯 과학적인 피해 여부보다도, 국민의 심리적 피해감이 더 큰 영향을 미치는 것이 사실이다. 그래서 정부는 계속해서 설명책임을 감당해 왔다.

혹자는 "양국이 이면에서는 합의하더라도, 겉으로는 일본에 거부하는 모양새라도 취해야 하는 것 아니냐"고 질타하기도 한

---

13  해양수산부 및 관계부처 합동 TF, 2020, 후쿠시마 원전 오염수 관련 현황 보고(2020.10.15.)

다. 하지만 좀 더 입체적으로 생각해보면, 후쿠시마 원전 처리수 방류는 일본의 내정 문제이기에 우리 당국이 직접 비난하고 입장을 발표할 수 있는 여지가 많지 않다.

만약 그렇게 된다면, 국내정치를 위해 외교를 이용한 여느 정권과 다를바 없게 된다. 그럼에도 불구하고 이슈를 제기할 만한 측면이 있다면, 일본 측이 처리수 방류 효과에 대한 정밀 조사를 게을리하거나, 설명 책임을 방기할 경우에 정면대응하는 것이다.

안타깝게도 후쿠시마 원전 처리수 문제는 만에 하나라도 피해를 입을 수 있는 어민 등에 대한 보상체계 마련보다는, 정치적 공방으로 비화하는데 좀 더 초점이 맞춰져 있다.

MB 정부 당시 국민적 관심사로 떠올랐던 광우병 사태도 비슷했다. 광우병으로 인해 신체적 피해를 입었다는 사람은 없지만, "피해를 입을 수도 있다"는 공포감을 정치적 동력으로 키워 정권 부정의 동력을 마련하려 했던 세력이 있었다. SNS를 통해 수많은 음모론과 가짜뉴스가 난무하며 정권 초기부터 조직적 흔들기를 감행했던 것이 사실이다. 다행히도 우리 국민은 두 번 속지는 않고 있다.

## 요미우리신문 회장 인터뷰가 시사하는 것

민주당 측에서는 "윤석열 정부의 과도한 일본 퍼주기 이후 나아진 것이 무엇이냐"고 반문하지만, 의외의 성과가 꽤 있다. 지난 23년 10월 3일, 요미우리신문의 회장인 오이카와 쇼이치(老川祥一)씨가 SBS와 인터뷰한 내용이 대표적이다. 오이카와 회장은 야스쿠니 신사에 참배하는 일본 정치인들의 행태에 대해 비판하는 것과 함께, 23년 6월 간토대지진 100주기를 맞아 요미우리신문 1면에 조선인 대학살 문제를 실었던 의미를 상기시켰다.

일본이 잔혹한 제국주의 통치를 했던 과거사에 대한 반성과 함께 가짜뉴스·유언비어를 포함한 허위정보 때문에 민간인 대학살이 일어났던 것에 대해 깊은 책임을 느끼고 지난날을 직시해야 한다고 한 것이다.

요미우리 신문은 일찍이 윤석열 대통령의 방일 직전에 9개 면에 걸쳐 단독 인터뷰를 게재했고, 방일 당일에도 관련 기사를 기획보도한 바 있다. 일본의 중도·보수 세력에게 여론주도성을 갖는 요미우리신문이 전향적으로 기사를 낸 것은, 분명히 일본 사회의 저변이 조금씩 바뀌고 있음을 보여준다. 일본의 정가(政街)에서 요미우리신문 회장의 의견을 많이 참고한다는 것은, 일본 정치를 안다는 사람들에게는 주지의 사실이다.

이전까지 우리나라는 일본 측에 사과를 계속해서 요구하고, 그 요구가 진정성있게 받아들여지지 않을 때마다 일본을 힐난하는 일을 반복해 왔다. 당장 국내 정치적 측면에서야 속시원하게 느껴질 수 있지만, 큰 틀에서 국제적 문제 해결을 꾀하는 데에는, 별로 도움이 되지 않는 일이었다.

그리고 반일감정을 전술적으로 이용하는 측에서도, 정작 위안부 피해자나 강제징용 피해자들에게 성의있는 보상과 예우를 제대로 해내지 못했던 것이 사실이다. 그래서 윤석열 대통령은 당장에는 욕을 먹을지 모르지만, 일제 강점기 폭력의 직접적 피해자들이 좀 더 현실적인 피해 보전을 받고 일본과는 미래지향적 관계를 추구하는 길을 택했다.

80여년 전 서로 전쟁하는 사이였던 독일과 프랑스가 지금은 항공기 에어버스를 같이 만드는 국가가 된 것처럼, 한·일 간에도 새길을 여는 것이 그 어느때보다 절실하다.

# 15
## 도어스테핑의 명암(明暗)

한국의 대통령은 많은 책임과 부담을 안고 있는 자리다. 퇴임 후 김영삼 전 대통령이 MBC 기자였던 박영선 전 의원의 인터뷰에 응하며 이런 말을 한 적이 있다. "대통령은 매우 고통스러운 자리입니다. 그런데 이 자리를 원하는 사람이 여전히 너무 많습니다." 한때 구중궁궐처럼 여겨졌던 청와대에서 거의 24시간을 보내던 대통령들은 특유의 외로움과 스산함을 많이 느꼈다고 한다.

엄연한 민주공화국 수반임에도 불구하고 19세기 이전의 군주들처럼 '만능'이길 원하는 국민들의 심리, 최고지도자의 숨겨진 일면에 대해 조금이라도 더 알고 싶어 하는 언론들의 욕구, 어떻게든 권력의 추를 옮겨 오려는 야당의 투쟁 등을 혼자서 감당해야 하는 지도자가 바로 대한민국 대통령인 것이다.

　그래서 역대 대통령들은 임기 초에는 매우 소탈하고 개방적인 소통 방식을 지향하며 어떻게든 국민과 밀착해보려 하다가, 시간이 지날수록 거기 쏟는 에너지를 아껴 통상적인 업무에 골몰하는 경향이 강했다. 또 여당이든 야당이든 대통령의 입만 쳐다보는 한국 정치 특유의 문화 때문에라도, 지도자들은 점점 자기 노출 빈도를 줄이고, 간접적인 방식으로 외부와 소통하기를 선호했다. 실수를 줄이기 위해서다.

　윤석열 대통령은 국가 최고 지도자가 점점 국민들과 물리적으로 유리되는 관행을 과감하게 바꾸고 싶어 했다. 대선 당시 "참모 뒤에 숨지 않겠다"고 국민께 약속했던 것이 크게 작용했다. 꾸밈없는 직설 화법을 선호하고, 결론이 있는 대화와 소통을 중시하는 대통령의 화통한 성격도 한몫 했다.

　그래서 시작된 것이 매일 아침 대통령이 등청할 때 로비에서 기자들과 현안에 대해 짧은 대화를 나누는 '도어스테핑'이었다. 미국 백악관의 사우스 론(South Lawn)에서 이뤄지는 대통령과 기자 간의 질의응답, 영국 다우닝가 10번지에서 종종 이뤄지는 수상과 기자 간의 도어스테핑 등이 좋은 참고 사례가 되었다. 일본 총리가 관저와 국회에서 기자들과 주고받는 '부라사가리'도 윤석열 대통령의 출근길 문답과 비슷한 면이 있다. 하지만 지금의 부라사가리는 과거 총리와 기자들이 특정 현안에 대한 '백브리핑'처럼 이뤄지던 문답 방식과는 많이 다르다. 2012년 아베 2차 내각 출범 이후부터는 기자단 요청으로 취재 자리가 마련되거나, 총리관저가 설명하려는 현안이 있을 경우 공지를 통해 부라사가리를 실시하는 것이 일반적이었다.

윤석열 대통령은 특별한 기획이나 상황 설정 없이 '라이브'로 이뤄지는 출근길 문답을 소통 관행으로 정착시켜 좀 더 민주적인 홍보 시스템을 만들어보고 싶어 했다. 자유로운 문답을 통해 국민의 알 권리를 보장하는 측면과 함께 일련의 이슈들에 능동적으로 대응하는 지도자 상(像)을 구축하고자 했던 것이다.

## 내용과 품질의 논란

하지만 도어스테핑은 매우 위험도가 높은 소통 방식이었다. 우선 참모들은 당시 벌어지는 모든 현안에 대해 리뷰하고, 대통령의 문답을 예상 질문별로 준비해야만 했다.

하지만 윤석열 대통령 본인이 거의 활자중독에 가깝게 언론 기사들을 읽고 자신의 입장을 정리하는 일을 후보 시절부터 습관화했기에, 내용 숙지의 부담은 매우 적었다. 대통령이 "그 기사 봤느냐"고 참모들에게 먼저 물어볼 때가 많기 때문에, 더더욱 그랬다.

　문제는 언론이 직접 제기했던 질문에 대해 얼마나 충분히 답변을 받았다고 여기느냐에 있다. 도어스테핑은 날짜와 상황을 명확히 규정지은 정식 기자회견과 목적이 다른 소통 방식이다. 따라서 대통령이 다소 '인스턴트하게' 질문에 대해 반응하더라도, 어느 정도 양해해주는 문화가 절실하다.

　외국의 정상들이 언론과 약식 회견을 통해 즉문즉답을 하는 경우에도 일정 정도의 '비정격성'을 허용하는 것이 일종의 상식이다. 가령 고이즈미 전 일본 총리는 기자들의 질문에 충실히 답변하는 모양새는 취하면서 본인이 하고 싶은 말들을 융단폭격식으로 쏟아 붓는 스타일이었다.
　정식 기자회견과 달리 도어스테핑 때에는 사담처럼 이야기를 하는 정상들도 꽤 있었다. 그렇게 하더라도 서로 양해하는 관행이 있기에, 어지간한 실언이나 망언이 아니면 정치적으로 문제가 커지지 않는 편이다.

　하지만 윤석열 대통령의 경우에는 후보 시절부터 야당과 언론으로부터 거의 매일매일 화법을 지적받았다. 온라인 커뮤니티에서 대통령의 인터뷰나 현장 발언을 특정 부분만 오려낸 후 날 서게 비판하면, 언론에서 인용보도를 하면서 논쟁을 키우는 경우도 적지 않았다.

윤석열 대통령 취임 후 이뤄진 도어스테핑 역시 비슷한 흐름으로 전개됐다. "왜 정교하고 세련된 발언을 구사하지 않고, 거침없이 말을 해서 이슈를 만드느냐"는 식이었다. 진보 언론에서 문제 삼았던 "대통령을 처음 해봐서", "과거에는 민변 출신들이 아주 도배를 하지 않았느냐", "전 정권에서 지명된 장관 중 그렇게 훌륭한 사람을 봤느냐"는 표현들은 원래 나름의 발언 맥락이 있었고 대통령이 극적인 묘사를 해가면서 전달하고자 하는 메시지의 의도가 있었다.

하지만 언론은 실언 프레임을 만드는 것 자체에 집중했다. 그리고 프레임은 고스란히 여론조사상의 정권 지지율로 연계되었다. 심지어 〈한겨레〉는 공공기관인 언론진흥재단의 선임연구위원 명의로 칼럼을 노출하며 대통령의 발언 하나 하나를 문제 삼았다.[14]

"소통하는 것 자체가 중요한 게 아니라, 내용과 질이 중요하다."

14  한겨레21 2022.7.27

사실 이런 관점이라면 도어스테핑이 아니라, 기자회견처럼 제한된 소통방식을 취하는 것이 맞다.

도어스테핑은 말 그대로 날것의 지도자 메시지를 매일매일 국민과 공유한다는 취지를 갖고 있기 때문이다. 대통령이 매일 국민의 알 권리에 부응한다는 대의명분을 전제로, 도어스테핑에 대해 좀더 너그러운 시선을 적용할 수는 없었을까.

## 도어스테핑 이외의 대안을 찾아야

MBC 기자의 '슬리퍼 사건'으로 인해 도어스테핑은 사실상 중단되어 있는 상태다. 앞으로도 같은 포맷의 약식 회견은 이뤄지지 않을 가능성이 높다. 일단 대통령의 말 한마디 한마디를 정치적 쟁점으로 삼는 여·야간 대치상황 때문에라도, 도어스테핑은 재개되기 어려울 것으로 보인다. 또 여러 국가 원수들이 약식 회견의 비중을 줄여 나가는 추세도 중요하다.

내각제 국가인 일본에서는 90년대까지만 하더라도 거의 매일 총리가 부라사가리에 응했으나, 2012년 아베 2차 내각 출범 이후부터는, '공지를 할 때에만' 약식 회견을 하는 식으로 운영하고 있다.

SNS를 비롯해 각종 소통 채널이 다변화되었기 때문에, 오프라인에서 국가수반이 일일이 브리핑하는 것도 비효율적이라는 것이 여러 국가들의 판단이다.

또 다른 측면은 리스크 관리다. 중앙은행 총재의 말 한마디, 기획재정부 장관의 말 한마디에 주가가 오르내리고 실물 시장이 출렁거리는 시대에, 국가수반의 메시지는 더욱 파급력이 클 수밖에 없는 것이 사실이다.

그리고 도어스테핑이 외교·안보에 미칠 영향도 고려해야 한다. 미·중 패권전쟁이 본격화된 이후, 각국의 메시지 전쟁도 첨예하게 대두되고 있는 것이 오늘의 현실이다.

국가 원수의 말이 아니라 당국 실무자의 말 수준으로도 국가 간 관계가 어색해질 수 있는 시대다. 따라서 도어스테핑보다는 위험이 덜하면서도, 국민들에게 밀착된 커뮤니케이션 방식을 하루 빨리 개발할 필요가 있다.

그래서 23년 하반기부터는 대통령과 국민 대표 간의 타운홀 미팅, 현장 방문 등의 횟수가 많아졌다. 정치보다는 민생에 더욱 집중하는 지도자의 모습을 국민에게 널리 알리기 위해서다.

문제는 이런 종류의 행사에 대해서는 대중의 관심이 인색한 것이 현실이다. 대통령의 참모들로서는 계속해서 새로운 포맷의 콘텐츠, 스토리로 지도자와 국민의 거리를 좁히기 위한 고민과 노력이 절실하다.

특히 윤석열 대통령은 '유머'보다는 '다큐'에 가까운 지도자이기에, 보좌하는 사람 입장에서는 어떻게 하면 대통령의 모습을 소탈하면서도 품격있게 전하느냐가 중요한 화두다.

전세계적으로 정치가 '말의 향연장'이 되면서, 이런저런 이유로 공직자들이 스스로 평가하고 고양(高揚)되는 경우가 많아졌다. 하지만 민주주의에서 평가는 국민이 하는 것이지, 공직자가 하는 것이 아니다. 도어스테핑은 국가의 최고 공직자가 언제 어디서나 국민의 평가를 받을 준비가 되어 있음을 보여주는 행위다.

하지만, 그 평가의 횟수가 잦을수록 정부에 대한 기대감이나 안정감이 떨어지는 것도 사실이고, 그 후과(後果)는 정치권을 한 바퀴 돈 뒤에 국민에게 다시 전가되기 마련이다.

# 다시, 대한민국

1판 1쇄 인쇄 2023년 12월 26일
1판 1쇄 발행 2024년 1월 6일

**저 자** 강명구
**발 행** 홍기표
**인 쇄** 정우인쇄
**편 집** 이지선
**디자인** 이소영
글통 출판사
출판 등록 2011년4월4일(제319-2011-18호)
팩스 0260040276. facebook.com/geultong
geultong@daum.net

ISBN 979-11-85032-86-3

가격 : 20,000원